# A LINGUAGEM da MUdANÇA

**Tradução**
*Sabine Haraguchi*

**Supervisão Técnica**
*Jairo Mancilha*

Bernd Isert

# A LINGUAGEM da MUDANÇA

Copyright© 2004 by Bernd Isert

Todos os direitos desta edição reservados à Qualitymark Editora Ltda.
É proibida a duplicação ou reprodução deste volume, ou parte do mesmo,
sob qualquer meio, sem autorização expressa da Editora.

| Direção Editorial | Produção Editorial |
|---|---|
| SAIDUL RAHMAN MAHOMED | EQUIPE QUALITYMARK |
| editor@qualitymark.com.br | |
| Capa | Editoração Eletrônica |
| WILSON COTRIM | EDIARTE |

CIP-Brasil. Catalogação-na-fonte
Sindicato Nacional dos Editores de Livros, RJ

I76l

Isert, Bernd

    A linguagem da mudança / Bernt Isert ; [tradução de Sabine Haraguchi]. — Rio de Janeiro : Qualitymark, 2004
184p

Tradução de: Die Künst Schöpperischer Kommunikation
Inclui bibliografia
ISBN 85-7303-452-1

    1. Comunicação. 2. Linguagem e línguas. 3. Competência comunicativa.
I. Título.

04-0019                                                                                                         CDD 302.2
                                                                                                                                                 CDU 316.77

2004
IMPRESSO NO BRASIL

Qualitymark Editora Ltda.
Rua Teixeira Júnior, 441
São Cristóvão
20921-400 – Rio de Janeiro – RJ
Tel.: (0XX21) 3860-8422

Fax: (0XX21) 3860-8424
www.qualitymark.com.br
E-Mail: quality@qualitymark.com.br
QualityPhone: 0800-263311

# Prefácio

"O que vi, sempre, é que toda ação principia mesmo é por uma palavra pensada. Palavra pegante, dada ou guardada, que vai rompendo rumo". (Guimarães Rosa)

A linguagem dirige nossos pensamentos para direções específicas e, de alguma maneira, ela nos ajuda a criar a nossa realidade, potencializando ou limitando nossas possibilidades. A habilidade de usar a linguagem com precisão é essencial para nos comunicarmos melhor.

A linguagem é a ponte mais importante entre as pessoas. Ela é derivada da experiência e se transforma em nova experiência, comportamento e reações no interior do receptor. Bernd Isert, neste livro, apresenta, de maneira original, padrões essenciais de linguagem, tornando-os úteis e aplicáveis para facilitar a comunicação e a mudança pessoal. Esses princípios e padrões são derivados dos campos da Hipnoterapia Ericksoniana e da Programação Neurolingüística, mas têm grande valor em outros campos da comunicação profissional, na psicoterapia, no *coaching*, bem como para lidar com pessoas no dia-a-dia.

O *Metamodelo* é a arte de fazer perguntas certas para explorar a experiência subjacente por detrás da superfície das palavras. Os padrões de *Ressignificação* e *Prestidigitação Lingüística* demonstram a sabedoria de dar interpretações e significados úteis para as experiências que afetam nossas vidas. A *Linguagem Hipnótica* derivada de Milton Erickson é uma maneira elegante de guiar pessoas delicada, aberta e sensivelmente em busca das experiências internas e *insights* que as ajudem a crescer. Finalmente, as *Metáforas* e as *Histórias* são uma forma criativa para gerar opções de mudança e entendimento.

Este livro trará um enriquecimento para a vida pessoal e profissional de quem o ler, visto que a comunicação está sempre presente, pois é impossível não se comunicar: não receber uma resposta já é uma resposta.

*Jairo Mancilha Ph.D.*
Médico, *Coach* e *Master Trainer* em PNL
Diretor do INAp-Instituto de Neurolingüística Aplicada
www.pnl.med.br

# Sumário

**Introdução** .................................................................................... 1
**Parte I - Expressão e Experiência** ............................................... 5
*1. Abertura* ..................................................................................... 7
*2. Fundamentos do Uso da Linguagem* ......................................... 9
Falar sobre a Linguagem ................................................................. 9
A Linguagem como Transmissor de Informação .......................... 11
Princípios da Comunicação ........................................................... 13
Relevância e Valores ..................................................................... 15
Entre a Experiência e a Convicção ............................................... 18
*3. Entender a si mesmo* ................................................................ 21
O Efeito das Palavras .................................................................... 21
A Linguagem e o Mundo da Experiência ..................................... 21
Experiências de Referência .......................................................... 22
O Mapa e o Território ................................................................... 24
O Superficial e o Multifacetado .................................................... 26
Metas da Comunicação ................................................................ 28
O Diálogo Interno ......................................................................... 28
Além das Palavras ......................................................................... 30
Compreensão ................................................................................ 34
Estilos e Metaprogramas .............................................................. 37
Relacionamentos em Equilíbrio .................................................... 43
Perguntas ...................................................................................... 47
*4. A Capacidade de Expressão Sensorial* .................................... 50
A Linguagem Baseada na Experiência ......................................... 50
A Escolha de Palavras Especificamente Sensoriais ..................... 51
Propriedades Secundárias dos Sentidos ...................................... 52
Expressões Sensoriais ................................................................... 54
A Modificação de Propriedades Sensoriais .................................. 54
Instruções de Uso ......................................................................... 56

**5. Estabelecer Metas** .................................................... 58
Evitar para Conseguir ...................................................... 58
Os Motivos por Detrás das Metas ........................................... 61

## Parte II - Troca e Mudança .............................................. 63

**1. O Metamodelo da Linguagem** ........................................... 65
Grupo Principal: Omissões .................................................. 66
Quando Faltam Informações .................................................. 66
Subgrupo: Omissão Pura ..................................................... 66
Subgrupo: Omissão de uma Comparação ........................................ 67
Subgrupo: Palavras Referenciais Pouco Específicas .......................... 67
Subgrupo: Verbos Pouco Específicos ......................................... 68
Subgrupo: Nominalizações ................................................... 68
Grupo principal: Generalizações ............................................ 69
Subgrupo: Termos Universais ................................................ 69
Subgrupo: Necessidades e Impossibilidades .................................. 70
Subgrupo: Lugares Comuns e Ditados Populares ............................... 70
Grupo principal: Construções e Suposições não Comprovadas .................. 71
Subgrupo: Ler Pensamentos .................................................. 71
Subgrupo: Classificação de Significados .................................... 72
Subgrupo: Causa – Conseqüência ............................................. 72
Subgrupo: Pressuposições ................................................... 73

**2. Ouvir, Calar e Valorizar** ............................................ 79

**3. A Ressignificação Criativa** .......................................... 82

**4. O Modelo Retórico** ................................................... 88
Aos Jovens da Cidade de Colônia! ........................................... 95

**5. A Troca de Recursos** ................................................. 100

**6. O Trabalho Terapêutico** .............................................. 105

## Parte III - Linguagem e Sentido ......................................... 109

**1. Introdução** .......................................................... 111

**2. Expressão Não Específica** ............................................ 112

**3. A Utilização da Linguagem Hipnótica** ................................. 113

**4. O Modelo Milton de Linguagem** ........................................ 118

**5. Metáforas e Histórias** ............................................... 126

## Parte IV - Para Dentro de Si ........ 143
### *1. Viagem Imaginária* ........ 145
A Primeira Viagem Imaginária: O Sonamuh ........ 145
A Segunda Viagem Imaginária: "Fontes do Crescimento" ........ 151
A Terceira Viagem Imaginária: Auto-Integração ........ 159

# Introdução

*"O diálogo, e não o monólogo, é a base da vida civilizada."*

Saul Bellow

Este é um guia pelo mundo da comunicação e da linguagem, esse mundo tão evidente e ao mesmo tempo tão secreto no qual vivemos o nosso dia-a-dia.

Ele está voltado para as pessoas que buscam uma comunicação consciente e mais profunda, para as que estão começando a se interessar por esse campo, bem como para aquelas que atuam profissionalmente nessa área.

Espero que este livro ajude as pessoas a aprofundar e ampliar suas experiências através de novos conteúdos e contextos e que também consiga alcançar os leitores interessados em conhecer processos de desenvolvimento pessoal e o potencial da mudança que traz consigo a comunicação consciente.

O livro está estruturado em forma de diálogo. Os interlocutores, Ana (A) e Bernardo (B), são os anfitriões que acompanham o leitor nas diversas paisagens e formas da comunicação verbal. Ambos os personagens foram criados por mim e, por isso mesmo, pode haver certas semelhanças com pessoas que realmente existem ou com aspectos de minha própria personalidade. Os diálogos de Ana e Bernardo formam a estrutura básica que liga teoria e prática, distanciamento, reflexão e participação ativa.

*A primeira parte*, "Expressão e Experiência", aborda as bases da comunicação efetiva, da linguagem e da compreensão incluindo temas como a relação da linguagem com a vivência interna ou as possibilidades de expressão que levam à percepção sensorial. Entre outras coisas, Ana e Bernardo mostram como podemos, através de perguntas direcionadas, detectar e trabalhar as experiências que se escondem nas palavras usadas pelos nossos interlocutores.

*Na segunda parte*, "Troca e Mudança", são abordadas formas avançadas de indagação, o metamodelo da linguagem e a mudança do pensamento limitado através da arte da ressignificação. Com base nestes temas, criou-se um modelo de retórica como ferramenta para a argumentação flexível e a transmissão de novas percepções. Ao desenvolver este modelo, aprendemos como conseguimos liberar experiências benéficas e como acessamos fontes de energia em nós mesmos e em outras pessoas.

*Na terceira parte*, "Linguagem e Sentido", são abordados a arte da expressão aberta e não específica, as formas hipnóticas do uso da linguagem, bem como a arte de contar histórias e de criar metáforas. Nessa parte, é mostrado como podemos sensibilizar outras pessoas através das figuras de linguagem e como podemos acompanhá-las em seus mundos de experiências internas.

*Na quarta parte*, "Para Dentro de Si", encontramos uma gama de processos de aprendizagem e exemplos para o desenvolvimento de múltiplas habilidades de percepção e de comunicação e para o crescimento pessoal – um conjunto de abordagens, estímulos e experiências diversificadas. A essa forma de aprendizagem interativa dei o nome de "Fonética dos Sentidos", a interação que faz sentido. Os processos da fonética dos sentidos ganham vida durante a sua aplicação e assimilação.

A minha proposta é esclarecê-los sobre a interação dos mais diferentes modelos e métodos da comunicação e sua expressão verbal, a linguagem falada, conscientizando-os quanto às importantes possibilidades de escolha e de utilização criativa que ela nos oferece. Através dos diálogos e das reflexões não quero somente sensibilizá-los quanto às diferentes possibilidades, mas também quanto aos pressupostos necessários e às limitações dos modelos e métodos apresentados. A comunicação com outras pessoas não pode ser melhor que a que temos com nós mesmos. O que podemos alcançar com ou para outras pessoas, depende daquilo que trabalhamos e desenvolvemos para nós mesmos. Por isso, os exemplos práticos voltados para dentro e para fora formam uma unidade.

Não é nenhuma novidade que a linguagem pode ser uma ferramenta de sedução ou manipulação e, no nosso mundo, isso é amplamente usado. Em relação a este assunto, nosso livro tem como objetivo esclarecer. Quando percebemos e detectamos estruturas que estão sendo manipuladas, passamos a agir de forma mais independente e escolhemos com mais facilidade a maneira de utilizar nossa linguagem de modo a se adaptar à nossa própria vida, à de outras pessoas e às relações que estabelecemos entre nós.

Cada um dos capítulos desse guia da linguagem contém, além de um diálogo base, diversas descrições e exemplos que se evidenciam ao longo dos textos. Entre os exemplos, o leitor irá encontrar esquetes, histórias e viagens imaginárias que requerem um certo tempo para serem trabalhadas.

Todos os textos permitem intervalos de acordo com as suas necessidades – intervalos com o tempo necessário para trabalhar as informações assimiladas e refletir sobre as mesmas. Você mesmo determina a necessidade e a duração desses intervalos.

Talvez você já esteja desconfiado que os exemplos nem sempre sejam totalmente sérios. Os temas abordados e as conclusões oferecem muito mais do que um simples entretenimento e, por isso, queridos leitores, desejo-lhes "muita seriedade e um bom divertimento".

*Bernd Isert*

Comunicação
Experiências de referência
METAS
Parceria
SENTIDOS
Linguagem
Mapas

*Parte I*
*Expressão e Experiência*

# Expressão e Experiência

## 1 Abertura

**A:** A nossa excursão está começando. Eu trouxe mantimentos, bom humor, tempo e a mim mesma. Quem vem junto?

**B:** Bem-vindos, queridos companheiros de viagem! A pé é o melhor meio de explorar esta terra. Juntos iremos conhecer mais sobre as estruturas e possibilidades que se escondem em nossa comunicação e como podemos aplicá-las adequadamente. Acho que um dos caminhos mais eficientes para a comunicação bem sucedida e para o crescimento está na utilização adequada e consciente da linguagem.

**A:** Primeiro, porém, quero me apresentar: Eu me chamo Ana, sou estudante e me interesso muito em saber como, usando minhas palavras, posso me aproximar mais das pessoas que são importantes para mim. E quero, também, saber como posso aprender a usar e a entender melhor as palavras.

Vou fazer perguntas ao Bernardo, ajudar a criar diálogos e contribuir com minhas próprias experiências.

**B:** Bem, eu sou Bernardo e estou muito animado com este desafio. Já exerci diversas profissões diferentes, viajo muito, dou seminários e, às vezes, escrevo poemas – e gosto de pessoas. Por isso, lamento quando surgem maus entendidos entre elas, só porque não sabem o suficiente umas das outras. Além do mais, gosto da interação fértil e, por isso, quero dar a minha contribuição aqui.

**A:** Que tal descrevermos a nossa proposta com mais detalhes, Bernardo?

**B:** Isso mesmo. Queremos descobrir como diversas formas de comunicação podem estimular e fomentar a nós mesmos, a outras pessoas e as nossas relações.

**A:** ... tanto a nível pessoal quanto profissional.

**B:** Algumas profissões vivem da comunicação.

**A:** Existem muitas, como, por exemplo, professores, consultores, terapeutas, homens de negócios, prestadores de serviços, artistas...

**B:** E todas estas profissões têm à sua disposição os mesmos modelos e formas de linguagem.

**A:** Mesmo assim, cada área desenvolve seus próprios estilos que combinam com os conteúdos e os modos de pensar específicos de cada uma delas.

**B:** E também com os objetivos ou as necessidades de cada área. A nível pessoal acontece algo parecido. Somos amigos, parceiros, pais, estamos apaixonados, juntos ou separados – e em toda parte nos comunicamos e conversamos de forma mais ou menos racional.

## 2 Fundamentos do Uso da Linguagem

### Falar sobre a Linguagem

**A:** Vamos começar com os fundamentos, Bernardo. O que na verdade é a linguagem?

**B:** De forma espontânea, eu vejo imagens simbólicas: uma porta entre o interior e o exterior... uma trama da mente feita da matéria-prima da vida... ou pontes que levam de pessoa para pessoa.

**A:** Legal, Bernardo, mas você não poderia colocar isto de um modo um pouco mais científico?

**B:** Eu não poderia utilizar palavras porque são parentes da linguagem e, portanto, são influenciadas pelas mesmas manchas cegas e coisas impronunciáveis apresentadas pela sua família lingüística. Como é que elas poderiam dizer alguma coisa realmente objetiva a respeito da própria família? A ciência requer testemunhas independentes.

**A:** Eu nunca vi isso a partir desse ponto de vista e continuo não entendendo algumas coisas. Pode ser que as palavras sejam restritas, mas será que elas não poderiam ultrapassar os seus limites?

**B:** Ana, eu acho que sim porque por sua própria natureza as palavras são mais do que somente elas mesmas, elas são representantes do mundo que descrevem – e isso pode ser qualquer mundo que uma pessoa possa imaginar ou vivenciar a partir de qualquer posição, quem sabe com os olhos de uma artista ou com o olhar de um pesquisador ou, ainda, do ponto de vista de uma pessoa que está aprendendo. E cada um destes posicionamentos tem palavras próprias para aquilo que se pretende descrever sob esse ponto de vista.

**A:** E se não houver palavras para isso?

**B:** Nós temos a escolha. Também podemos falar em silêncio, podemos combinar palavras conhecidas ou inventar novas palavras – por meio disso a linguagem cresce e isso é o seu alimento.

**A:** Conseguiríamos pensar em alguma coisa antes mesmo de haver palavras que a representem?

**B:** Claro que é mais fácil perceber o que já foi dito, mas, a em médio e longo prazos, isso não é satisfatório. Quando criança, você brincava com um conjunto de blocos de madeira?

**A:** Claro que sim.

**B:** Com esses seus blocos você conseguia construir uma casa que ninguém antes tinha construído? Você conseguia inventar novos blocos de montar?

**A:** Claro que eu conseguia. Meninas conseguem fazer isso! E os novos blocos de montar são de massa de modelar.

**B:** Você também teria tido condições de montar um modelo de nosso sistema solar?

**A:** Até hoje eu consigo fazer isso. É só pegar blocos redondos e os colocar em suas órbitas. O grande bloco vermelho que fica no meio é o sol e os outros blocos representam os planetas. Simples!

**B:** E você também consegue montar um modelo de sua caixa de blocos de madeira?

**A:** Que tarefa esquisita. O melhor modelo da caixa de blocos é a própria caixa, porque somente ela é idêntica ao original.

**B:** E se a sua caixa fosse imensa e você tivesse que montar um modelo menor da mesma numa mesa?

**A:** Então, eu pegaria um bloco e o colocaria na mesa dizendo que ele estaria simbolizando todos os blocos de montar e a caixa. Genial, não é?

**B:** Sim, isso já é um modelo. E se o modelo tivesse que ser um pouco mais elaborado por algum motivo?

**A:** Nesse caso eu mostraria diversos exemplos: aqui eu tenho um bloco quadrado e lá um bloco em forma de pirâmide. Se eu colocar a pirâmide em cima do quadrado obtenho uma casa com telhado em forma de pirâmide. Isso eu não explico, apenas mostro.

**B:** Muito bom, mas exemplos não são científicos.

**A:** Então eu digo o seguinte: aquele bloco azul, lá, representa a classe de todos os blocos. Esse bloco vermelho, aqui, representa a classe de todos os legítimos operadores entre os blocos e o bloco amarelo simboliza a energia e a inteligência que os movimenta...

**B:** Muito bom – e é até mesmo filosófico. Você está percebendo, Ana, que cada modelo tem seus fortes e fracos e desempenha determinada função?

**A:** Então a nossa linguagem também é como uma caixa de blocos de montar?

**B:** Isso mesmo – e com esse conjunto de blocos de montar criamos cópias e modelos do mundo, grandes e pequenos, práticos e teóricos, inteligentes e limitados.

**A:** E até mesmo cópias da própria linguagem.

**B:** Mesmo que estas nunca sejam completas porque completo somente é o original.

## A Linguagem como Transmissor de Informação

**A:** Você ainda tem uma outra resposta sobre o que a linguagem realmente é?

**B:** Tenho sim. A linguagem é um meio de comunicação, isto é, um meio de embalar e transmitir informações. Estas são traduzidas em séries de tons e sons que, então, são passadas de pessoa para pessoa e entendidas pelas mesmas de acordo com as suas possibilidades.

**A:** Que informações são essas?

**B:** Podem ser quaisquer informações. Pode tratar-se de pessoas, relações, vivências interiores, instruções, convicções, experiências, conclusões, concordância ou conexões de todo tipo. Também pode ser um pedido de informação, uma indagação.

**A:** Vamos experimentar como funciona. Imagine que nós ainda não nos conhecemos e que nos encontramos em um bar. Eu começo pedindo informações:
*Posso perguntar como você se chama?*

**B:** Seguem informações sobre uma pessoa (eu):
*Claro, eu me chamo Bernardo.*

**A:** E agora informações sobre relações (nossas):
*Eu acho você simpático.*

**B:** Agora a vivência interior:
*Assim você me deixa constrangido.*

**A:** Instruções:
*Respire fundo três vezes e tome um copo de vinho.*

**B:** Convicções:
*Isso ajuda? O álcool faz mal à saúde!*

**A:** Experiências:
*Depende. Já me aconteceram muitas coisas boas com o álcool.*

**B:** Conclusões:
*Será um prazer comprovarmos isso juntos.*

**A:** Concordância:
*Que bom. Então que tal pedirmos dois copos de vinho?*

**B:** Estamos tratando de informações concretas e relativas, de acordo com o aspecto a ser abordado.

**A:** Para mim, a nossa conversa foi muito pessoal. A propósito, eu acho que a comunicação acontece simultaneamente a nível concreto e relativo. Voltemos para o nível concreto. Mais uma coisa, Bernardo, de onde a nossa linguagem realmente vem?

**B:** Os seres humanos aprenderam a usar a linguagem na pré-história. Eles começaram a relacionar pessoas, animais, plantas e experiências com uma diversidade de sons e tons que eles sabiam emitir. Nas línguas de diferentes povos, existem, até hoje, determinadas formas sonoras antigas:

*Oh, ah, ui, ai – para espanto, sentimentos, dor, susto etc.*
*Nham, nham – para fome, comer etc.*

Com estas formas e muitas onomatopéias diferentes, os nossos ancestrais criaram as primeiras palavras e, através da junção dessas palavras, fizeram frases inteiras com as quais podiam descrever os acontecimentos em sua vida.

**A:** Deixe-me tentar...
...ah, oh, ui, nham, ai.

**B:** Às vezes as pessoas não concordavam como as palavras deveriam ser ligadas umas às outras e o que significariam no conjunto, mas elas se comunicavam e desenvolveram regras para a formação de frases e, em algum momento, até mesmo começaram a desenhar ou entalhar ideogramas numa base para armazenar tudo.

**A:** E os ideogramas criaram alfabetos...
A b c d e f g...

**B:** Pelo menos desde a construção da Torre de Babel diversos povos fizeram tudo isso de formas diversas e cada povo transmitia o significado das palavras e as formas lingüísticas para os seus filhos. Em cada geração – e com cada nova experiência de vida – juntavam-se novas palavras àquelas que já existiam.

*Tudo o que era novo geralmente era bem recebido pelos jovens, por acharem-no moderno, adequado ou muito "legal".*

## Princípios da Comunicação

**A:** O que acontece entre duas pessoas quando falam uma com a outra?

**B:** Você quer que eu dê uma resposta completa? As possibilidades do que pode acontecer são tão numerosas quanto a própria vida. Mesmo assim vou tentar responder a sua pergunta satisfatoriamente.

Todo ato de comunicação requer um relacionamento e uma troca entre duas ou mais pessoas, como se elas passassem algo de mão em mão, só que, neste caso, não há uma troca de coisas, mas de informações – um fato que ocorre inclusive à distância. Tudo o que uma pessoa quer transmitir ela embrulha em palavras e expressões, e tudo o que ela recebe é desembrulhado novamente. Cada pessoa é tanto remetente quanto destinatário e o que remetemos influencia aquilo que vamos receber e, por sua vez, aquilo que recebemos influencia o que vamos remeter.

Numa situação ideal, aquilo enviado por um "Eu" é recebido exatamente da mesma forma pelo "Você" enriquecendo o mesmo com um pedacinho do mundo do remetente. Isso se o "Você" conseguir interpretar a mensagem de acordo com aquilo que o remetente pretendia comunicar-lhe.

**A:** Às vezes, eu interpreto as mensagens à minha maneira e não de acordo com o que o remetente quis transmitir e isso acontece simplesmente porque ligo experiências totalmente diferentes às palavras utilizadas.

**B:** Há pouco ouvi diversos exemplos desse tipo em Colônia. Aqui estão alguns deles:

*Carlos: Eu gosto de mergulhar. Essa sensação de ir afundando cada vez mais é muito louca.*
*Beatriz: Eu moro perto do Iguaçu e todo ano o rio sobe. Afundar para mim é outra coisa.*

Portanto, cada pessoa tem o seu próprio mundo de experiências do qual tira o que conta e no qual recebe o que ouve.

*Wilfried: Eu sou da Alemanha Oriental. A vida lá era bem diferente.*
*Sabine: E eu estava lá em 68. Lutamos contra o regime, como vocês também fizeram.*
*Wilfried: Fizemos a mesma coisa?*

Quando um "Eu" e um "Você" se entendem bem, cresce em ambos o conhecimento partilhado criado pela troca entre eles e surge um mundo conjunto que gera o "Nós".

> *Sabine: Como é que Berlim está agora?*
> *Wilfried: Estive lá há uma semana.*
> *Sabine: Eu só conheço a Berlim de antigamente. O que mudou?*
> *Wilfried: Conte-me primeiro como Berlim era antigamente porque eu nunca tive oportunidade de ir lá naquela época.*

**A:** Somente quando duas pessoas tomam conhecimento uma da outra há uma chance de elas se entenderem.

**B:** Eu conheço a sua criatividade, Ana, e você conhece o meu espírito de organização. Isso já é uma boa base para organizarmos seminários juntos.

**A:** Você ainda não conhece o meu espírito de organização! Além do mais, agora temos que falar mais sobre os diferentes mundos de experiências nos quais vivemos.

**B:** Cada mundo de experiências se compõe de um mundo interno, que inclui a memória e a imaginação, e de um mundo externo, que é a atual situação de vida que nos cerca aqui e agora.

*Mundo Interno (Memória)*
*Como estava tudo confuso em nosso escritório naquela época!*

*Mundo Externo:*
*E como está bem arrumado agora.*

*Mundo Interno (Imaginação):*
*Com um pouco de criatividade vamos acabar logo com essa triste situação!*

Percebemos estes dois mundos através de nossos sentidos: vemos, ouvimos, sentimos, cheiramos, degustamos e falamos – externa e internamente. É claro que isto acontece de forma individualizada e de acordo com a situação.

**A:** Mas a linguagem permite que nos comuniquemos e que façamos descrições.

> *Carlos: Existe uma imagem em minha mente, uma meta gratificante e eu digo, para mim mesmo, que poderia muito bem realizá-la, mas, constantemente, tenho uma sensação estranha, como se ouvisse uma outra voz que me faz lembrar de alguma coisa. Trata-se de minha filha à qual prometi passarmos mais tempo juntos. Eu me sinto acalentado quando penso nela.*

> *Eva: Agora eu entendi como você está se sentindo, Carlos.*

**B:** No mundo interno, acontece uma infinidade de coisas. Nós trabalhamos informações, filtramos, interligamos e exploramos. Esses processos ocorrem a nível consciente ou inconsciente, de forma figurativa ou verbal. O trabalho verbal consciente chamamos de pensar.

**A:** O que foi que eu ouvi? Nós filtramos? Não sou nenhuma cafeteira para filtrar qualquer coisa. Antigamente, era sempre eu que fazia o café.

**B:** Ah, quer dizer que você tem a sua própria experiência referencial em relação a esta palavra. Eu quero dizer outra coisa com a palavra "filtrar":

Nós não podemos cuidar de tudo nem assimilamos tudo e, portanto, separamos o joio do trigo tanto a nível consciente como inconsciente.

**A:** Infelizmente, não deixamos de errar quando fazemos isso e, às vezes, ficamos com o joio em vez do trigo, isto é, com o secundário em vez do principal.

*Luiz: O que foi que você disse?*

*Rita: Eu disse que vou chegar mais tarde porque estou com muito trabalho.*

*Luiz: Mas eu te amo e por isso quero ficar contigo. Quantos minutos?*

*Rita: Eu não sei, estou sobrecarregada de trabalho. Se você vier para cá e me ajudar, termino o trabalho mais cedo.*

*Luiz: Bem que eu gostaria, mas meu tempo é precioso demais para isso. Quanto tempo de trabalho eu teria que investir e quantos minutos de amor eu teria contigo?*

**B:** Fazemos perguntas a nós mesmos, estabelecemos tarefas, formulamos, generalizamos e combinamos. Às vezes, acontece que só temos consciência da linguagem enquanto as experiências, os sentimentos e as impressões, originalmente em questão, passam para o segundo plano. Àquela constante conversa consigo mesmo chamamos de diálogo interno.

*De Rui para Rui:*
*Será que eu coloco um anúncio na Internet? Quanto será que custa e quem vai ler o anúncio? De outro lado, tem cada vez mais pessoas falando disso. Mas essas pessoas não são meus clientes. Vou perguntar ao Miguel. E eu também posso começar de forma bem discreta. Só publico uma página e descubro quantas pessoas entram no site. Mas uma página dessas também precisa ser atrativa... A Mariana sabe fazer isso muito bem.*

## Relevância e Valores

**A:** Quando duas pessoas estão conversando elas, geralmente, estão abordando um determinado tema e alguns temas prendem a atenção e outros são monótonos.

**B:** Isso depende do que interessa a estas duas pessoas, do que é importante para elas. Quando a fala combina, nós a chamamos de relevante, quando ela passa despercebida a chamamos de irrelevante e quando algo já conhecido se repete é chamado de redundante.

Claro que as duas pessoas podem ter temas importantes bem diferentes e assim o que é relevante para ele pode ser irrelevante para ela.

*Ângela: Sabe, Francisco, essa viagem foi simplesmente fascinante.*
*Francisco: E quanto custou?*
*Ângela: As forças da natureza no Havaí, a arrebentação na praia e essa força vulcânica...*
*Francisco: Você ainda tem algum dinheiro na conta?*
*Ângela: E aqueles nativos – e os rituais dos Kahunas.*
*Francisco: Você pode publicar um artigo sobre isso?*

**A:** Muitas pessoas simplesmente falam o que pensam sem prestar atenção ao que os outros dizem.

**B:** É sim. Pode acontecer que duas pessoas conversem durante horas sem perceber que cada qual está falando de um tema totalmente diferente e que um não está ouvindo o que o outro está dizendo. Tratam-se de verdadeiros monólogos. Mas quando você percebe onde o seu interlocutor se encontra internamente, os dois monólogos se transformam num diálogo e isso possibilita uma troca entre as partes. Dizem também que os temas do parceiro são relacionados internamente com os próprios temas de forma que tudo o que é falado se refira a ambas as partes envolvidas.

*Ângela: Mas sobre o que eu poderia publicar um artigo?*
*Francisco: Sobre rituais Kahunas – o tema é o máximo hoje em dia.*
*Ângela: Você acha que outras pessoas também se interessam por isso?*
*Francisco: É o que eu estou dizendo. Até para mim o tema é interessante e um artigo na revista GEO daria um dinheirinho.*
*Ângela: Para isso preciso conhecer muito mais sobre o tema e arranjar umas fotos legais.*
*Francisco: Mas isso vai gastar mais tempo e dinheiro.*
*Ângela: Você tem razão, é um dilema. A propósito, eu realmente gastei demais no Havaí mas não estava querendo aceitar isso.*
*Francisco: Desculpe-me, eu só estava preocupado com você.*
*Ângela: Que bom que tenho um namorado incorruptível.*
*Francisco: Conte-me mais sobre as suas aventuras.*
*Ângela: Vamos falar primeiro do nosso trabalho.*

**A:** O que é importante para uma pessoa não surge do nada. Eu acho que isso depende de toda uma situação de vida, do desenvolvimento da pessoa e de seu nível de cumplicidade. Somente um tema importante em relação a estes aspectos irá despertar a total atenção de uma pessoa.

**B:** Isso está de acordo com a minha experiência. Nós também dizemos que as pessoas têm um sistema bem pessoal de valores no qual existe uma hierarquia organizada em graus de importância. Um sistema de valores hierárquico mais generalizado é a pirâmide das necessidades de Abraham Maslow. Obviamente, com qualquer um de nós, alguma necessidade biológica banal não satisfeita pode vir a ocupar o lugar mais importante em determinadas situações. "Queira desculpar-me por um momento por favor..."

**A:** ...Certamente a sobrevivência é o fator mais importante para todas as pessoas. Fora essa situação, há muitas diferenças em relação àquilo que é importante para cada um: para uns é a família; para outros, é dinheiro; outros, ainda, procuram o prazer e ainda há aqueles para as quais a saúde é o bem mais precioso.

**B:** A própria sobrevivência também não é o bem mais precioso para todos. Muitas pessoas arriscam a vida salvando outras e algumas até mesmo fazem isso por uma idéia. Mas você tem razão, em cada pessoa, crescem e se desenvolvem necessidades e valores próprios baseados em seu desenvolvimento. Ao mesmo tempo, em sua maioria, os valores humanos de nossa cultura podem ser colocados em três categorias básicas:

***A ligação com outras pessoas:*** Amor, companheirismo, parceria, cumplicidade.

***O desenvolvimento da própria personalidade:*** Identidade, crescimento, poder, papel desempenhado, posição.

***O desenvolvimento das condições de vida:*** Desempenho, função, obtenção de resultados.

Profissão, família, sexo, comunicação, esporte, sucesso ou liberdade são outras áreas importantes que se encaixam nestas categorias.

**A:** Na verdade, eu preciso dos três pilares: Sem uma ligação com outras pessoas não consigo encontrar um lugar na vida no qual eu tenha uma certa influência a ponto de conseguir realizar alguma coisa – e só poderei viver disso se o que eu realizo é útil para outras pessoas.

**B:** É assim que deveria ser, mas, infelizmente, nem tudo em nosso mundo está em ordem e muitas pessoas não têm um desses três pilares. Nesse ponto, estão as suas maiores necessidades de desenvolvimento – e muitas vezes também suas barreiras, porque aquilo que eu não conheci de uma forma positiva, muitas vezes me amedronta e, quem sabe, eu nem me permito.

**A:** É mesmo. Quem está convencido de que não pode continuar a se desenvolver em respeito a outras pessoas, provavelmente, não vai conseguir fazê-lo.

**B:** Está faltando a experiência de como o próprio desabrochar pode ser fomentador e estimulador para outras pessoas. Um chefe pode pensar, por exemplo, que não deve ter consideração com seus colaboradores, pois, caso contrário, as coisas não funcionariam bem. Essas duas partes confirmam mutuamente as suas posturas em relação à vida.

**A:** Por isso, muitas vezes, nossas necessidades mais íntimas não são tão fáceis de realizar. Somente o esclarecimento interno e os exemplos positivos nos abrem o caminho.

**B:** Eu acho que hoje em dia cada vez mais pessoas se conscientizam de seus verdadeiros valores de vida, trilham novos caminhos e ultrapassam fronteiras. Elas reconhecem que, fazendo parte de uma cumplicidade maior, cada pessoa tem o seu quinhão de responsabilidade pela Terra e, conseqüentemente, por si mesmo. Essas pessoas aprendem a encontrar um equilíbrio entre os três pilares e aprendem a desenvolver habilidades que lhes permitem realizar algo neste mundo.

**A:** Obrigada, Bernardo, ouvir isso me encoraja e por isso mesmo estou curiosa para saber o que liga as nossas palavras, o nosso pensar e o nosso agir.

**B:** Vamos passo a passo.

## Entre a Experiência e a Convicção

**A:** Eu tenho a impressão, Bernardo, de que tudo o que dizemos exerce uma influência muito forte naquilo que vivenciamos.

**B:** E ao contrário também. As nossas falas e vivências influenciam, constantemente, umas às outras. Vivenciamos o mundo e o descrevemos de acordo com o que experienciamos.

**A:** *Bernardo, tem uma cegonha voando lá fora!*

**B:** *Eu espero que você descreva agora o que acabou de ver.*

**B:** Ou então ouvimos a respeito do mundo e o vivenciamos depois – interna ou externamente.

**A:** Olha, a cegonha acabou de pousar na chaminé da fábrica.

**B:** É, agora eu também estou vendo a cegonha.

**A:** Algumas pessoas sentem que as suas palavras têm a tendência de não apenas se confirmarem e se manifestarem internamente, mas também em sua vida real.

**B:** Eu entendo isso muito bem porque as palavras influenciam a nossa percepção, o nosso comportamento e as nossas escolhas de dentro para fora. Isso acontece principalmente com nossas convicções e generalizações.

Se uma pessoa decepcionada disser para si mesma que o mundo é ruim, ela provavelmente ainda sofrerá outras decepções as quais reforçam, ainda mais, a sua afirmativa. Uma outra pessoa que teve sorte e diz que o mundo é bom, certamente, vai ter mais experiências boas.

**A:** É como um ciclo do "vivenciar", "descrever" e "vivenciar novamente".

**B:** Sim, e este ciclo pode ser insatisfatório quando somente confirmamos e reforçamos através dele o que já conhecemos e sabemos. Por isso, precisamos sempre admitir novas experiências e novos pensamentos que passem a fazer parte desse ciclo. Em toda parte do ciclo, há portas de entrada para novas experiências e pensamentos:

*Rui: Ninguém gosta de mim e por isso eu sou tão antipático.*
*Tina: Eu gosto da sua antipatia.*
*Rui: Você não está falando sério. Eu sei.*
*Tina: Olhe nos meus olhos.*
*Rui: Os seus olhos são bem grandes e estão um pouco marejados.*
*Tina: E o que isso quer dizer?*
*Rui: Você gosta mesmo de mim?*
*Tina: Gosto muito! E você?*
*Rui: Agora também estou começando a gostar de mim!*
*Tina: E de mim?*
*Rui: Gosto muito de você! Mas ninguém acredita em mim!*
*Tina: Eu acredito.*

**A:** Quando admitimos novas experiências ou novos pensamentos, estes se influenciam e se enriquecem mutuamente.

**B:** Deixar essas experiências e pensamentos prosperarem pode reverter muito o círculo vicioso interno. Até mesmo convicções limitadas podem ser mudadas dessa forma.

**A:** Vivencias e pensamentos também podem ser antagônicos?

**B:** Quando a razão segue determinado caminho, mas nossos sentimentos e percepções divergem, surgem os conflitos internos. E isso não acontece somente desde o "Fausto" de Goethe. Quando um dos dois lados oprime o outro, as coisas não melhoram mesmo. Uma separação temporal do pensamento e da realidade vivenciada – só é admitida uma de cada vez – não é muito gratificante em médio e longo prazos.

*A vivência de Rui:*
*Eu vi e senti – ela gosta de mim, talvez até me ama. Eu posso ser amado!*
*A razão de Rui:*
*Besteira. Minha mãe sempre disse que mulheres não iriam dar certo comigo. E, realmente, não deu certo com a Susana, com a Janice e com a Natália. Além do mais, meu nariz é torto.*
*A vivência de Rui:*
*Vamos lá, razão. Vamos pensar um pouco diferente? A nossa mãe só queria ter você para ela, afinal de contas você era o seu único filho, e quanto ao nosso nariz, trata-se de um nariz clássico grego, conforme uma descrição que alguém fez outro dia.*
*A razão de Rui:*
*Parece lógico. Vou pensar no assunto.*
*A vivência de Rui:*
*Eu ainda estou curtindo as coisas e estou colecionando novas experiências para você.*

As partes separadas fazem as pazes quando a linguagem admite novos pensamentos e quando a atenção amplia o seu campo de percepção.

Numa boa equipe, os participantes deveriam consultar uns aos outros e cada um deveria ter as suas chances de crescimento. É aí que está o segredo de pessoas que conseguem aprender rapidamente com os seus erros: os seus participantes internos formam uma boa equipe.

## 3 Entender a Si Mesmo

### O Efeito das Palavras

**A:** Eu percebi que as palavras podem desencadear muitas coisas. Como posso direcionar isso de modo a estimular algo racional nas pessoas?

**B:** Não é só o remetente que determina o que vai chegar ao seu destino, o destinatário também influencia isto. Perguntar é importante para ambos. Infelizmente, muita gente nem liga para isso. A intenção interna de fazer bem para os outros é um importante pressuposto para que algo positivo chegue ao destino, mas somente isso não é suficiente.

**A:** Com certeza você quer dizer que isso depende de como e quando eu digo o que para quem. Mas como eu sei que estou no caminho certo?

**B:** Eu acho que você vai perceber isso rapidamente. Numa conversa, não há orientação melhor do que observar as reações óbvias e as sutis em seu interlocutor. Chamamos a isso de percepção do "feedback" não-verbal.

Essas reações podem traduzir-se através de palavras, do gestual ou do comportamento da outra pessoa – possivelmente um abraço ou um franzir da testa. Somente quando você realmente reage a este "feedback", internamente através de novos pensamentos ou, externamente, em sua expressão, é que a comunicação de fato acontece. Todas as outras manifestações seriam monólogos. E se você não conseguir interpretar as reações observadas para saber como as suas palavras estão sendo recebidas, pergunte, busque o "feedback" verbal.

### A Linguagem e o Mundo da Experiência

**A:** Ainda não estou satisfeita com a sua resposta. Será que não há pelo menos alguns pontos referenciais para saber quais as abstrações que provoco com minhas palavras?

**B:** Agora estou entendendo melhor o que você quer saber. Obrigado pelo "feedback" que você me deu.

Através de nossas palavras, levamos os nossos parceiros para diferentes áreas do mundo da experiência. Uma vez para dentro, outra vez para fora, às vezes para o imaginário, ou para a memória ou então para o racional. E também guiamos nossos parceiros através dos sentidos: ver, ouvir, sentir, cheirar ou degustar e, às vezes, os levamos a palavras e diálogos internos. Mas também quando estamos falando com nós mesmos sempre desviamos a nossa atenção para outras áreas sensoriais. Vamos experimentar o efeito que minhas palavras vão causar em você:

**B:** *Olha lá, atrás daquela árvore.*
**A:** *Isso me leva a olhar e me coloca no ambiente externo.*
**B:** *A minha voz está agradável?*
**A:** *Ah, então agora é a vez do ouvir, mas também a sensação do que é agradável para mim.*
**B:** *Você ainda se lembra de quando nos conhecemos...?*
**A:** *Claro, memória. A propósito, estou vendo uma imagem.*
**B:** *Imagine que você tenha ganhado na loteria.*
**A:** *Agora estou no imaginário e estou com uma sensação boa.*
**B:** *Qual a probabilidade disso?*
**A:** *Bem, agora o racional, o diálogo comigo mesma.*
**B:** *E o que você já conseguiu realizar em sua vida?*
**A:** *Estou me lembrando agora, comparo épocas de minha vida e me sinto bem.*
**B:** *Então, você está com vontade de se movimentar um pouco?*
**A:** *No momento, ainda estou numa lembrança agradável, mas também estou com você aqui e agora. Estou me expressando de forma direta, estou falando e quero ir passear com você. Aí podemos continuar conversando.*
**B:** *Estou vendo você sorrir.*
**A:** As coisas desencadeadas em nós não incluem apenas a percepção, mas também a própria expressão, a fala, o sorriso e qualquer tipo de ação.
**B:** E isso nos torna completos. O que seria a percepção sem a expressão e o pensamento sem a ação? E o que seria o interior sem o exterior?

## Experiências de Referência

**A:** Quando você me diz alguma coisa, as suas palavras têm mais sentido se eu, em algum momento de minha vida, já tiver vivenciado algo parecido.
**B:** Chamamos isso de experiência referencial. Se você ainda não conhece determinada coisa, as minhas palavras também não irão ajudar muito. Elas só servem se ajudarem a assimilar o novo a partir do internamente conhecido.

O modo como as nossas mensagens são entendidas e interpretadas depende principalmente das experiências referenciais de nosso interlocutor. Às vezes, essas experiências referenciais precisam, primeiro, serem criadas através de exemplos.

**B:** *Por favor, pense em uma floresta.*
**A:** *Ah, isso é fácil. Conheço muitas florestas e diante de meu olho interno estou vendo várias delas. Agora estou me concentrando na área de proteção ambiental que fica nos arredores da cidade.*
**B:** *Bem, você escolheu uma determinada floresta dentre muitas de suas experiências referenciais. Outro dia estive numa floresta onde eu vi um hirifongilipa.*
**A:** *O que?*
**B:** *Um hirifongilipa!*
**A:** *Tenho a imagem de uma floresta diante de meus olhos. Talvez não seja a sua floresta, mas é a minha floresta, aquela da qual falei antes. Mas um hirifongilipa não consigo ver de jeito nenhum.*
**B:** *É isso que acontece quando não temos experiências referenciais. A propósito, ele é dócil, tem grandes olhos azuis e uma cauda verde.*
**A:** *Que estranho! Agora tenho uma imagem à minha frente. Com essas três características que você me forneceu construí uma imagem.*
**B:** *Mas será que é igual ao meu? Mesmo usando as mesmas características, a sua maneira de criar imagens pode ser totalmente diferente da minha! Além do mais, eu ainda não disse uma porção de coisas!*
**A:** *Quer dizer então que a forma como eu traduzo as suas palavras e o que elas desencadeiam em mim depende essencialmente de minhas experiências referenciais e da minha maneira de criar imagens?*
**B:** *Exatamente. E isso significa que, apesar de ter assimilado as minhas palavras, você, provavelmente, irá entendê-las de forma diferente do que eu imaginei.*
**A:** *Essas suas palavras me passaram uma experiência referencial. Claro, era a minha floresta e agora também é o meu hirifongilipa. Falando nisso, eu gosto dele.*
**B:** *Por que ele? Para mim, é ela.*
**A:** *Ah, bom...*

**A:** E o que podemos fazer para melhorar o entendimento e a compreensão?
**B:** Podemos recorrer às nossas experiências referenciais já existentes ou então criar novas e deveríamos ter plena consciência de que nosso interlocutor, automaticamente, recorre às suas próprias experiências referenciais enquanto não consegue entender e assimilar as nossas. Quanto menos específica for a linguagem, mais subjetiva é a interpretação.
Se deixarmos o nosso interlocutor escolher como entender o que está sendo colocado, ele, naturalmente, irá optar por aquilo que melhor corresponder aos seus sentimentos e às suas necessidades do momento.

Quando o interlocutor não tem experiências referenciais ou quando estas diferem totalmente das suas próprias, as possibilidades para um entendimento mais profundo e emocional são muito remotas.

Por causa disso, as pessoas de diferentes culturas muitas vezes têm dificuldades de se entenderem ou de se sentirem compreendidas. As palavras de velhos companheiros estão interligadas com muitas experiências comuns inexistentes entre pessoas que acabaram de se conhecer. É muito difícil, por exemplo, uma pessoa que sempre viveu na então Alemanha Ocidental entender como era viver na Alemanha Oriental.

Existe um consolo: quando ficamos juntos durante muito tempo, as nossas experiências referenciais crescem e, com elas, a proximidade.

Quanto maior o número de experiências referenciais ao longo de nossa vida – portanto quanto mais amadurecemos –, mais profundamente conseguimos compreender as outras pessoas. Aquelas pessoas que já passaram pelas coisas que estamos vivenciando no momento são as que melhor nos entendem, são nossos melhores amigos e conselheiros. E essas pessoas até conseguem nos dar muito mais do que simples compaixão.

## O Mapa e o Território

**A:** Algumas pessoas falam de tal forma que conseguimos entender com clareza o que querem dizer, mas há aquelas que não conseguimos entender de maneira alguma. Elas usam palavras demasiadamente abstratas, faltam informações em suas falas ou, então, exageram nos detalhes tornando tudo muito confuso.

**B:** Temos que saber distinguir o conteúdo do modo como o descrevemos. Um conteúdo muito interessante pode ficar irreconhecível numa embalagem inadequada. Se o que falamos for comparado a uma paisagem, a linguagem é algo parecido com um mapa, uma cópia ou um modelo de um mapa. Já no início da nossa conversa falamos de modelos, não é? Então agora vamos usar a imagem do mapa.

Os mapas só são úteis à medida que nos mostram os melhores caminhos a tomar na região em que nos encontramos. Algo parecido acontece com cardápios. Eles servem para nos orientar na escolha de uma boa refeição, mas sozinhos eles não saciam a nossa fome. Em cardápios, as informações geralmente são bem claras e, em mapas, normalmente, também encontramos as indicações certas para o caminho que procuramos, mas em relatos de vivências a classificação pode ser muito indefinida.

Claro, podemos inventar quaisquer experiências referenciais internamente, mas o que será que o interlocutor realmente quis dizer? Nesse caso, a única alternativa é indagar. Mais adiante, iremos aprender algumas formas da boa indagação.

**A:** Bem, Bernardo, então não vou perguntar nada sobre esse assunto agora, mas tem mais uma coisa que me intriga nessa área. Tenho a impressão de que os mapas internos que criamos para

um mesmo tema diferem muito de pessoa para pessoa. Como você explica isso?

**B:** Os nossos mapas internos diferem em diversos aspectos: Em sua sutileza e distinção na descrição, nos caminhos traçados e nas associações e relações que estabelecemos.

Todos esses aspectos dependem da maneira como se criaram os nossos mapas internos:

*Quais as experiências que cada pessoa acumula em relação a um determinado tema?*
*O que a pessoa escutou e assimilou de outras pessoas e aprendeu com elas?*
*Quais as suas metas e necessidades pessoais?*

Em nossos mapas internos certamente destacamos, mais que outras coisas, os caminhos e locais ligados às nossas necessidades. Talvez nem mesmo tomemos conhecimento daquilo que não nos diz respeito.

*Um professor de esqui consegue distinguir uma dúzia de tipos diferentes de neve, mas seus critérios com certeza são bem diferentes dos critérios de um esquimó. Para um jamaicano, é suficiente saber que existe neve em algum lugar, mas essa visão também muda quando ele passa a querer participar na competição de trenó nos Jogos Olímpicos de Inverno.*

As pessoas irão procurar, no mundo das palavras, por paralelos para as diferenças no pensar e vivenciar que consideram importantes. Se a linguagem não fornece esses paralelos, criam-se novos conceitos e formulações. É assim que a linguagem se desenvolve e esse desenvolvimento está mais evidente nas ciências, na matemática, nas filosofias e nas diversas escolas da psicologia – ou ainda na mídia e no culto à juventude.

**A:** E na linguagem feminista também. Nela é conscientemente destacada e frisada a forma feminina de falar, numa reação à longa marginalização da mulher em diversos processos sociais e à maneira como as pessoas falavam e se expressavam antigamente. Do ponto de vista lingüístico, em alguns idiomas, nem sempre é fácil destacar e frisar um determinado modo de falar.

**B:** Nesse caso, talvez haja a necessidade de serem usadas palavras totalmente novas para que as pessoas realmente percebam e tomem conhecimento de que alguém estava falando com elas. Muitas vezes, ainda, usamos os pronomes da forma convencional quando, na verdade, internamente, estamos referindo-nos a "ela" ou a "ele" especificamente.

**A:** Mas é claro que sim e eu sempre capto nas palavras de uma pessoa se esta está referindo-se a mim como mulher ou não. Nessa área, ninguém me engana.

E o que você me diz sobre a linguagem da política e da propaganda?

**B:** Bem, você já sabe que se criam muitas palavras novas com objetivos claramente perceptíveis, mas elas certamente não criam mais clareza.

## O Superficial e o Multifacetado

**A:** E por que, apesar de tudo, muitas vezes nos expressamos de forma tão pouco exata quando estamos descrevendo alguma coisa?

**B:** A descrição total e completa de um tema tem seus limites naturais. Quando estou descrevendo alguma coisa, não consigo expressar todos os detalhes em palavras. Isso não teria fim. Numa descrição, eu omito, retiro o que não é relevante e, além do mais, generalizo aquilo que considero lugar comum criando e imaginando outras coisas que se acrescentam ao tema em questão.

Os lingüistas dizem que a estrutura superficial da linguagem, aquilo que é falado, difere daquilo que é descrito.

Quando transponho uma vivência total e profunda em palavras, surge uma estrutura lingüística profunda.

**A:** É claro. E o que vivenciamos é diferente daquilo que descrevemos mais tarde porque entre um momento e outro omitimos coisas, imaginamos outras, acrescentamos e generalizamos.

**B:** Isso mesmo. Dessa forma, filtramos o conteúdo original e muitas vezes nem mesmo percebemos que estamos fazendo isso. Ser totalmente completo seria impossível e não teria fim, mas quando resumimos e alteramos algo que vivenciamos podemos, facilmente, perder o contato com a vivência original ou alterá-la também em nossa memória.

**A:** Geralmente, é muito difícil chegar às vivências básicas através das palavras.

**B:** Muitas vezes, perdemos o elo com as nossas vivências originais usando nossas próprias palavras, isso nos acontece mais quando escutamos outras pessoas cujas vivências originais não conhecemos, motivo pelo qual talvez não consigamos entender bem o que elas estão querendo transmitir.

**A:** Por exemplo, quando a linguagem está generalizada demais e eu não consigo entender o que a outra pessoa quer dizer, simplesmente desligo ou então preencho as lacunas com minhas próprias lembranças e imagens. Assim, posso até mesmo vir a acreditar que tenha entendido o que foi dito.

**B:** Pois é, e isso é uma armadilha porque, dessa forma, os maus entendidos não são detectados, o que mais tarde pode vir a ter as suas conseqüências como, por exemplo, conflitos nas relações humanas.

**A:** É, eu sei. Mas como posso proteger-me disso?

**B:** É simples – você deve repetir o que entendeu e interpretou e indagar se o seu interlocutor realmente quis dizer aquilo. Ou você pode pedir que ele ou ela lhe forneça informações adicionais.

**A:** Mesmo que uma pessoa use suas palavras com muita precisão, estas continuam criando armadilhas por não serem claramente definidas.

**B:** Eu que o diga. Pense em palavras como "sucesso", "aproveitar" ou o famoso termo "felicidades". Muitos termos são multifacetados ou não são muito específicos e, por isso, essas palavras precisam ser mais bem definidas porque cada pessoa liga diferentes experiências às mesmas.

**A:** Aqui está um pequeno exemplo:

*João: Vamos passar umas férias bem gostosas juntos?*
*Elisabeth: Gostei da idéia. Eu também estou com vontade de passar umas férias gostosas com você.*
*João: Legal! Eu vou providenciar as passagens.*
*Elisabeth: Que passagens?*
*João: Para onde você quer ir?*
*Elisabeth: Aqui no nosso jardim está tão gostoso, você não acha?*
*João: Eu acho que estamos imaginando coisas bem diferentes em relação às nossas férias. Você não quer umas férias excitantes?*
*Elisabeth: Quero sim, mas só depois das férias gostosas e, então, é claro, em Chicago.*
*João: Ah.*

**A:** Muitas vezes, entramos rapidamente em acordo, mas só em palavras. Justamente nesse aparente entendimento, está o perigo.

**B:** Somente quando indagamos mais detalhadamente, entendemos de fato, senão podemos ter péssimas surpresas quando colocamos em prática o que foi falado. Nós sempre deveríamos perguntar aos nossos políticos o que querem dizer com palavras como futuro, liberdade, crescimento, posicionamento assegurado ou relatividade e, talvez, também devêssemos perguntar quando, para quem e a que preço.

## Metas da Comunicação

**A:** E esses aspectos multifacetados das palavras não são verdadeiros empecilhos na comunicação?

**B:** Pode ser, mas, na verdade, eles são muito importantes para que o ouvinte tenha espaço suficiente para desenvolver as suas próprias representações criativas. Tudo depende do que almejamos em nossa comunicação, isto é, qual o assunto em questão:

– *Queremos obter, dar ou trocar informações?*
– *Tratam-se de informações específicas ou de relações pessoais?*
– *Tratam-se de lembranças, do presente momento ou de fantasias?*
– *Queremos ser entendidos ou entender os outros?*
– *Queremos estimular os pensamentos e o mundo de idéias de nosso interlocutor?*
– *Queremos aprender ou ensinar?*
– *Queremos nos entender ou defender opiniões próprias?*

**A:** Portanto, utilizamos a linguagem de diversas formas e de acordo com as mais diversas áreas. Eu quero conhecer todas essas formas.

**B:** Calma. Passo a passo chegamos lá. Com qual área você se identifica mais?

**A:** Estou mais à vontade comigo mesma. Afinal, esta é a relação mais longa de minha vida. Eu percebo o quanto falo comigo mesma, o que também acontece quando estou pensando, mas isso não adianta nada porque não consigo sair do lugar. Parece que estou andando em círculos.

## O Diálogo Interno

**B:** O nosso diálogo interno é a parte central do nosso pensar. Criamos conceitos para a nossa vida traduzindo experiências e acontecimentos em palavras. Internamente, também generalizamos muitas coisas, omitimos outras, concluímos, fantasiamos e acrescentamos. Este processo é muito importante, mas também pode não ser muito feliz em seu desenrolar quando, por exemplo, generalizamos algo que somente é válido em uma única situação, quando omitimos o que era essencial e quando confundimos fantasia com realidade. Quando isso acontece, o nosso mapa do mundo apresenta muitas falhas, vias de mão única, buracos e irregularidades.

**A:** Uma pessoa que em algum momento de sua infância tenha cometido um erro, pode vir a sentir-se incapaz durante anos de sua vida e uma mulher que sofreu uma decepção com um homem pode passar a evitar todos os homens a partir daquele momento.

**B:** Por isso, vale a pena sempre verificarmos os nossos mapas internos em relação à sua validade e ampliarmos os mesmos através de perguntas.

Ana, você poderia dar um exemplo de um diálogo interno que sempre gira em torno do mesmo ponto?

**A:** *Se eu mostrar insegurança no palco eles vão rir de mim e, então, vou-me sentir incapaz. Vou ficar mais insegura ainda e eles vão rir de mim.*

**B:** *Esta seria uma generalização que não procede?*

**A:** *E como eu poderia saber?*

**B:** *Existem situações nas quais as pessoas não tenham rido de você apesar de sua insegurança ou nas quais riram de você e mesmo assim você se sentiu segura?*

**A:** *Espere um pouco... Acabei de achar um exemplo para a primeira situação... E agora encontrei uma situação na qual eu não me importava com o fato de rirem de mim. Eu só achava a pessoa que riu de mim muito boba.*

**B:** *Existem fatos importantes que você tenha apagado, isto é, esquecido?*

**A:** *Se eu esqueci não tenho como lembrá-los agora, não é?*

**B:** *Mas você pode indagar internamente...*

**A:** *Sabe o que estou lembrando agora? Quando eu tinha nove anos, nós nos mudamos para uma outra cidade e eu falava um dialeto diferente. Quando eu falava com as outras crianças da minha turma, estas riam porque achavam o meu modo de falar engraçado.*

**B:** *E você imaginou mais alguma coisa em seu diálogo interno ou incluiu alguma suposição não comprovada?*

**A:** *Pois é, que os outros não gostavam de mim e, provavelmente, isso nem mesmo era verdade.*

**B:** *Sabendo de tudo isso, as coisas poderiam ser diferentes numa outra vez?*

**A:** *Claro que sim. Agora já não sou mais criança, já senti muitas vezes que as pessoas gostam de mim, falo muito bem o português e, além do mais, hoje em dia, tenho consciência de quem sou e o que sei. Obrigada pela indagação, Bernardo.*

**B:** Mais adiante, vamos demonstrar mais detalhadamente como resgatamos omissões, fantasias e generalizações por meio de perguntas.

**A:** Vale a pena fazer isso como pude perceber agora. Posso usar essa forma de indagação comigo mesma?

**B:** Claro. As perguntas básicas você já conhece.

*Isso é sempre assim? Esqueci de alguma coisa? Fantasiei e acrescentei alguma coisa ou fiz alguma suposição sem qualquer comprovação?*

## Além das Palavras

**A:** Agora posso passar a falar de mim em relação a outras pessoas. Muitas vezes, reajo de modo muito variado quando diferentes pessoas dizem as mesmas coisas, isto é, em relação a quem me diz o quê, quando e como. Parece que há muito mais em jogo do que simples palavras...

**B:** Foi muito bom você ter tocado nesse assunto. Trata-se de um ponto central, pois a comunicação implica muito mais coisas que simples palavras porque precisamos descobrir a intenção das palavras e qual o significado oculto das mesmas.

O modo como as palavras são recebidas depende, primeiramente, da situação e do estado em que foram ditas e, em segundo lugar, por quem, para quem e com qual intenção foram ditas. Qual a relação dos interlocutores?

Em terceiro lugar, tudo depende de como as coisas são ditas: voz, tom, intensidade e cadência fazem parte da mesma forma como a mímica, o gestual e a postura corporal – a parte não verbal da comunicação.

Nunca devemos esquecer que todos estes pontos estão intimamente ligados.

**A:** Certamente a reação também depende muito do tipo de cultura ou sociedade em que nos encontramos e qual a posição social ocupada pela pessoa que está falando.

**B:** Isso mesmo. Muitos fatores conferem àquilo que dizemos um sentido adicional ou complementar, um sentido que determina como o parceiro recebe o que foi dito. Tudo aquilo que é recebido além das palavras é chamado de meta-mensagem, isto é, a mensagem oculta. Esta mensagem pode transmitir diversos sentidos, como por exemplo:

- *Isso é importante para mim.*
- *Eu respeito você.*
- *Quero algo de você.*
- *Vou dizer o que está acontecendo.*
- *Ou: Eu não tenho coragem.*

**A:** Quando a maneira de falar alguma coisa contradiz o que dizemos, a nossa mensagem fica duvidosa e pouco específica.

**B:** Também chamamos isso de incongruência, isto é, enviamos mensagens contraditórias em nossas palavras e no estilo de expressão.

**A:** Podemos usar esse meio deliberadamente em situações de provocação, flerte etc.

**B:** Ou simplesmente para mostrar que ainda há coisas a esclarecer e para avisar que precisamos ter cuidado na maneira como nos expressamos.

**A:** Vamos experimentar a reação causada pela entonação na frase "Eu gosto de você". As entonações estão em itálicos.

| **Maneira de expressar-se** | **com a meta-mensagem** |
|---|---|
| Eu gosto **de você**. | Você é meu/minha! |
| **Eu** gosto de você. | Eu sou o centro das atenções! |
| Eu **gosto muuuito** de você. | "Eu curto você!" |
| Eu gosto de você**!** | Faça o que eu quero! |
| Eu gosto de você**?** | Não fique imaginando coisas! |
| Tudo bem, eu gosto de você. | "Deixe-me em paz!" |

**A:** Comigo nenhuma dessas frases teria qualquer efeito, exceto a terceira. Na verdade, confio mais em frases simples e diretas como "gosto de você". Não gosto de floreios.

**B:** É bom saber disso.

**A:** Existem situações adequadas para se dizer alguma coisa e outras inadequadas. Infelizmente, há pessoas que não percebem isso causando muito constrangimento, o qual também não notam.

**B:** A sensibilidade também é algo que adquirimos através de muitos exemplos e experiências referenciais. Uma grande ajuda para todos os envolvidos é substituir o constrangimento por humor e esclarecimentos.

*Carlos: Posso beijar a sua mão, Susana?*
*Susana: Acho que você está no filme errado, fofinho.*

**A:** Normalmente, o que é falado combina com a situação e com a relação dos envolvidos. Quando isso não acontece, mais que as próprias palavras, fica evidenciada a inadequação do uso das mesmas, o que obviamente tem as suas devidas conseqüências.

**B:** Estou pensando em vários exemplos. Amantes conversam de modo diferente de pessoas estranhas. Um chefe tem uma determinada maneira de falar com seus colaboradores enquanto estes se dirigem a ele de modo diferente. Na hora do almoço, falamos sobre temas diferentes daqueles abordados em reuniões de negócios. Quando as relações e o contexto não estiverem de acordo, as palavras não alcançam seu objetivo.

**A:** Isso também quer dizer que formas de comunicação inadequadas podem ser um meio para mudar relações e situações ou criar provocações.

**B:** Às vezes, algo assim refresca e enriquece relações adormecidas, mas, às vezes, também pode acabar com elas. Em todo caso, acontece uma mudança e os envolvidos precisam conscientizar-se de seus novos papéis.

**A:** E como eu reconheço o que é verdadeiro e sincero?

**B:** Uma mensagem clara e congruente é aquela cujas partes verbais e não-verbais exprimem a mesma coisa. Acreditamos nas palavras quando o tom delas, a mímica, os gestos e a postura corporal dizem a mesma coisa e mensagens desse tipo podem ser captadas e respondidas com igual clareza.

**A:** Há pessoas que querem alguma coisa de mim. Elas fingem e fazem de conta que tudo é verdadeiro e autêntico, mas eu sempre percebo muito bem que se trata de fingimento.

**B:** Um bom ator pode treinar a autenticidade, mas ele tem que ser um ator muito bom que realmente viva o seu papel. A perfeição pegajosa é tudo menos natural. Em situações e perguntas inesperadas, uma pessoa treinada para representar determinado papel normalmente reage de forma muito pior que uma pessoa que age de acordo com a sua personalidade. Isso acontece porque aquele que está representando preocupa-se mais com o papel que precisa desempenhar do que com o aqui e agora.

**A:** Aqui está um exemplo de uma conversa entre um vendedor e um comprador:

*Vendedor: Esse xampu aumentou a autoconfiança de milhares de mulheres.*
*Cliente: É mesmo?*
*Vendedor: A Senhora vai ficar com o tom de cabelo que combina com a sua personalidade.*
*Cliente: O Senhor poderia me dizer que horas são, por favor?*
*Vendedor: Eu já estou imaginando a Senhora usando esse xampu e como homem posso afirmar que isso mexe muito comigo.*
*Cliente: Moço, as horas, por favor.*
*Vendedor: Ah, sim, são quatro e quinze. Onde foi que paramos?*
*Cliente: O Senhor estava me contanto como a venda de xampu mexe com o Senhor.*
*Vendedor: Ah...*

**A:** Eu fico bastante irritada quando uma pessoa diz "sim" enquanto sacode a cabeça ou quando vem andando em minha direção e de repente se afasta assustada.

**B:** Mensagens multifacetadas comunicam o contraditório, o que pode ser uma característica própria de determinada pessoa que nem sempre tem consciência deste fato.

Freqüentemente, mensagens contraditórias não são levadas a sério, mas podem desencadear agressões e confusão nas pessoas que as recebem porque estas podem achar que não estão sendo levadas a sério ou então podem entrar em conflito interno por causa das mensagens contraditórias.

A melhor proteção para quem recebe mensagens é reconhecer que a verdadeira mensagem se chama "contradição" e que ela somente é definitiva quando a nível interno o remetente realmente sabe o que quer.

**A:** E se eu mesma sentir que tenho partes contraditórias dentro de mim?

**B:** Então seja honesta consigo mesma e com os outros. Ainda que nós mesmos não percebamos, tudo aquilo que tentamos oprimir fica mais evidente aos olhos dos outros. Quando moram duas almas em nós, não se trata de uma vencer a outra e, sim, de conciliar os lados mais profundos e positivos de ambas e isso pode parecer-se com uma dança.

**A:** É mesmo, e no flerte esse vai e vem é como uma dança na qual a contradição é muito excitante e óbvia.

**B:** Em outras áreas, a contradição pode ser menos agradável: quando pais transmitem mensagens contraditórias para seus filhos, podem causar grande insegurança e distúrbios psíquicos porque que prejudicam a orientação para a vida. Assim, surgem as experiências que chamamos de "doublé-bind", isto é, de ligação dupla, quando a criança recebe, simultaneamente, uma tarefa e uma proibição para a execução desta mesma tarefa:

*"Desenvolva-se, mas continue pequenino e dependente de mim!"*
*"Seja independente, mas sempre faça o que eu mando!" etc.*

**A:** À medida que nos conscientizamos desses tipos de contradições internas e as solucionamos, nossa comunicação se torna mais clara e inequívoca.

**B:** Chamamos de autênticas as pessoas que se comunicam de forma inequívoca e que também vivem de acordo com o que dizem. Essas pessoas personificam as suas palavras em sua aparência e nas suas ações.

Em inglês há uma regra básica para isso, "Walk what you talk", que pode ser traduzida por "Aja de acordo com o que diz" ou ainda "Seja como você fala". Tudo o que é expresso de forma autêntica tem um efeito forte e natural.

**A:** Todos os ingredientes para uma comunicação adequada são encontrados nas seguintes perguntas:

*Quem com quem? – estilo e conteúdo correspondem à relação?*
*Quando e onde? – hora e local estão certos?*
*Como e o quê? – a forma e o conteúdo combinam?*

**B:** E se tudo estiver certo, esses ingredientes se transformam num prato nutritivo.

## Compreensão

**A:** O que têm em comum as pessoas que conseguem comunicar-se muito bem e de forma muito clara? Existe alguma fórmula mágica?

**B:** É interessante saber que estas pessoas nem sempre gostam muito umas das outras, mas é muito importante que aquilo que dizem seja relevante para ambas e que combine com a sua situação de vida. Mas isso não é suficiente, pois sempre é de suma importância que ambas as partes, ao expressarem-se, usem palavras que seu interlocutor consiga entender e que elas também consigam interpretar o que ouvem de seu interlocutor. Mas para que a mensagem realmente seja recebida com o sentido pretendido, é importante que ambos os interlocutores verifiquem a sua compreensão e até mesmo a corrijam se necessário.

**A:** E o que acontece quando os interlocutores têm capacidades de expressão e assimilação muito diferentes?

**B:** Então, uma das partes precisa ser capaz de vir ao encontro da outra, o que é uma importante tarefa para comunicadores profissionais de todas as áreas, se bem que estes, por sua vez, também sempre precisam de pessoas que venham ao seu encontro.

**A:** Além de ser uma experiência muito boa quando as pessoas se entendem bem ela também é muito útil.

**B:** Assim, elas encontram um direcionamento claro em seu relacionamento. Mas ainda há muito mais possibilidades: as experiências e a criatividade de todos os envolvidos podem complementar-se, talvez até mesmo multiplicar-se e cada qual, além de seu próprio potencial, ainda tem à sua disposição o potencial do parceiro ou da parceira.

**A:** Muitas vezes, pessoas diferentes têm objetivos parecidos que alcançam com maior facilidade juntos do que sozinhos.

**B:** O ideal é haver sinergia entre elas, uma síntese das energias, mas isso não acontece de hoje para amanhã. Fazer com que os outros nos entendam, compreendam e, então, agir em conjunto, requer tempo e, muitas vezes, um processo de aprendizagem não muito simples. Nele, os maus entendidos representam importantes passos quando devidamente reconhecidos e corrigidos.

**A:** Que tal "treinarmos" um pouco de compreensão?

**B:** Com prazer. O objetivo desse exercício é fazer com que haja uma aproximação das mensagens enviadas e das mensagens recebidas, isto é, que você consiga expressar-se de tal forma que eu consiga entendê-la.

A coisa funciona assim: eu lhe conto alguma coisa e você me diz o que entendeu. Então, eu lhe digo se, realmente, quis dizer isso e em que grau eu me sinto compreendido. Caso você não tenha conseguido me entender, nós tomamos as devidas precauções para que tudo funcione melhor numa próxima vez. Afinal de contas, podemos fazer alguma coisa para melhorar isso. Eu posso me expressar melhor, por exemplo...

**A:** ... e eu posso indagar melhor.

**B:** É exatamente isso que eu quis dizer. De acordo?

**A:** Sim. Isso me interessa muito. O que você está querendo me contar?

**B:** *Eu gostaria muito de trabalhar num projeto novo. Você gostaria de participar?*

**A:** *Ah, já estou entendendo. É para eu fazer todo o trabalho burocrático novamente, não é? Entendi direito?*

**B:** Não, isso foi em outra época. Agora estamos falando de um patamar novo.
**A:** Bem, deixe-me ver. O que você quer dizer com "patamar novo"?
**B:** Eu quero realizar algo junto com você.
**A:** Então é melhor indagar logo se você está falando de um seminário ou de um CD.
**B:** Não se trata de nada disso.
**A:** Então diga alguma coisa para que eu consiga entendê-lo!
**B:** Eu quero entrar num curso de dança e estou procurando uma parceira.
**A:** O quê?! Na sua idade? Comigo? Não estou entendendo mais nada!
**B:** Pode ser muito bom dançarmos em vez de só falarmos. Que tal tango, mambo, salsa...?
**A:** Claro.
**B:** Você sabe como sou desajeitado, não é?
**A:** Sei muito bem e é por isso mesmo que estou tão espantada!
**B:** E se eu soubesse dançar tão bem que até você ficasse entusiasmada? Você tem noção como isso seria bom para mim?
**A:** Posso imaginar. Eu sei como é bom movimentar-se ao ritmo da música deixando-se levar e é muito bom também sentir isso junto com um parceiro.
**B:** É isso mesmo que eu estou querendo dizer. Agora você está me entendendo.
**A:** E por nos entendermos bem, você quer fazer isso junto comigo, não é?
**B:** Agora você me entendeu melhor ainda.
**A:** Agora está na sua vez de me entender. Eu quero que você compreenda o que eu penso sobre a sua idéia das aulas de dança. É que eu tenho um namorado.
**B:** E daí?
**A:** Você não está me entendendo, eu disse que tenho namorado.
**B:** Diga-me o que isso significa para você.
**A:** Tudo bem, mas não vamos colocar isso no livro, não é?
**B:** Entendo..
**A:** Para entendê-lo bem, tive que me colocar em seu lugar, mas também incluí as minhas próprias experiências.
**B:** E eu também me coloquei um pouco no seu lugar para poder-lhe explicar as coisas direito.
**A:** É interessante observar como enriquecemos a nossa amizade quando nos permitimos o tempo necessário para nos conhecermos direito.

**B:** Em vez de simplesmente pensar que já sabemos de tudo e, conseqüentemente, interpretarmos tudo errado.

## Estilos e Metaprogramas

**A:** É fato que pessoas diferentes também têm estilos diferentes de acordo com os quais pensam e falam. Algumas pessoas consigo entender com facilidade; outras, com muita dificuldade apesar de todas elas serem gentis e falarem claramente. O assunto abordado não é de ordem pessoal, pode ser uma palestra sobre alimentação saudável, por exemplo. E então eu me pergunto o que às vezes me leva a ter tanta dificuldade de entender certas pessoas enquanto entendo outras com muita facilidade?

**B:** Cada qual fala de uma forma diferente. Tomemos como exemplo a palestra sobre alimentação. Provavelmente, há palestrantes que primeiro discursam amplamente sobre a natureza, a civilização, o ser humano, o metabolismo e, somente então, falam sobre a alimentação em geral. Pode ser que eles falem primeiro em termos gerais passando aos poucos para temas mais específicos, mas também pode ser que eles falem em termos gerais o tempo todo.

**A:** Eu acho que piores ainda são aqueles que começam com o concreto, isto é, com um exemplo. Eles falam da Dona Maria de Recife que tinha o costume de comer carne de porco e por isso tinha problemas de fígado. Um tio a aconselhou a experimentar alimentação ayurvédica, o que não foi muito fácil, pois seu marido também comia carne de porco. Então, este resolveu participar das reuniões de orientação e contou...

**B:** Chega, chega! Isso está ficando específico demais. Não se fala em termos gerais?

**A:** Nesse caso, você iria esperar muito tempo, mas agora percebo o que é importante: misturar de forma certa o concreto e o geral.

**B:** Às vezes, só precisamos de um ou de outro. Pode ser que já conheçamos os detalhes e somente queremos uma visão geral, ou então conhecemos a teoria e precisamos de exemplos concretos que possamos colocar em prática.

**A:** Isso mesmo. Eu, por exemplo, já conheço muitos casos isolados e tipos diferentes de dieta e o que quero saber é qual o objetivo de cada dieta e quais as diferenças entre elas, isto é, quero informações gerais resumidas. Em outras palavras, o meu tesouro de experiências é tão grande que consigo criar os meus próprios exemplos concretos, mas talvez isso não aconteça com todas as pessoas.

**B:** Principalmente quando se trata de uma área que elas ainda desconheçam.

**A:** Claro. E quais os outros estilos além de "**geral** e **específico**"?

**B:** Todos os tipos de estilo como, por exemplo, a maneira de as pessoas ligarem os temas: algumas ligam os seus temas através de rígidas estruturas lógicas que depois são trabalhadas aos poucos; outras se deixam levar por associações através das quais passam de uma coisa para a outra retornando em seguida à primeira. À noite, na Internet, muitos navegadores se movimentam desta forma, de homepage para homepage.

**A:** E quem navega aonde?

**B:** Aqui temos mais uma cilada da comunicação, e uma bem simples por sinal.

**A:** É, eu não conheço as palavras que você está usando.

**B:** Nesse caso, a única coisa a fazer é traduzir a informação para uma linguagem familiar: os usuários da rede de comunicação chamada Internet usam linhas de telefone para conseguir informações em outros computadores nos quais outras pessoas armazenaram dados. As páginas principais desses dados armazenados são chamadas de homepage.

**A:** E porque os usuários se deixam levar por associações?

**B:** Cada página dessas contém diversas palavras sublinhadas as quais fazem as ligações eletrônicas com uma outra página que aparece na tela quando o usuário clica uma dessas palavras com o mouse.

**A:** Interessante, mas para que eu consiga entender direito preciso colocar isso em prática primeiro. Eu sei o que você quer dizer com associações: é clicar em cima de certas palavras e, de repente, aparecem novas informações na tela. A nível interno isso acontece muito comigo. Falando em clicar, outro dia coloquei um bilhete de metrô na máquina e a roleta não funcionou; o que você acha que...

**B:** Estou vendo que você sabe associar muito bem, Ana, mas vamos voltar ao assunto agora.

**A:** Isso mesmo, retornar é justamente a parte mais incerta nas associações!

**B:** O mais prático certamente é a síntese: explorar o terreno sem perder a linha mestra que vai auxiliá-la a encontrar novamente o ponto de partida. Assim, a lógica também tem sua vez em seqüências sistemáticas que se criam.

**A:** Então há os seguintes estilos diferentes: **lógico-linear**, **associar-desviar** e a mescla de ambos.

**B:** Isso você expressou muito bem. E mais uma coisa: algumas pessoas simplesmente seguem a sua **intuição** quando pensam e falam, isto é, elas têm sentimentos e inspirações internas que lhes dizem o que é importante falar em determinado momento e isso nem sempre é lógico ou associativo. Dessa forma, as pessoas podem, de repente, expressar coisas totalmente novas, mas muito importantes naquele momento. Por exemplo, agora: você quer tomar um café?

**A:** Quero sim, obrigada! Como você teve essa idéia?

**B:** Sei lá. De repente tive a idéia de tomar um café.

**A:** Ainda existem mais outros estilos?

**B:** Muitos. Eles são chamados de metaprogramas ou metacategorias. Meta quer dizer estar por trás ou acima de alguma coisa e programas são típicos modelos internos de pensamentos e comportamentos.

Normalmente, traduzimos esses modelos através de categorias de pensamento e, em se tratando de expressão, através dos estilos de fala.

**A:** Você ainda não respondeu bem a minha pergunta. Quais são os outros estilos típicos que existem?

**B:** Você ainda se lembra daquele dia que passamos juntos naquele navio? Hoje, está acontecendo o mesmo, estamos aqui sentados conversando. E veja só como é íntimo e familiar ver as xícaras em cima da mesa e do lado direito da sua boca você ainda tem aquela covinha bonitinha, da mesma forma como eu continuo com as minhas sardas no nariz. Além do mais, já estamos na primavera novamente. Como sempre!

**A:** Que estilo esquisito é esse?

**B:** Uma pergunta muito justificada, Ana, que merece uma resposta séria: eu simplesmente frisei de forma exagerada tudo o que era **conhecido** e **semelhante**, tudo aquilo que já existiu, que você já sabe, que é como sempre foi e aquilo que é semelhante.

**A:** Você nunca tinha feito isso antes. Isso foi novo para mim. Você falou de modo bem diferente do que costuma fazer.

**B:** E agora você acabou de frisar, propositadamente, o **diferente** e o **novo**.

**A:** Claro. Sabe, sempre tem algo de ambas as coisas entre nós – sempre há algo novo e diferente, mas também algo constante, semelhante e familiar. E sempre que fazíamos algo juntos, às vezes você **guiava** e eu o **seguia** e às vezes eu guiava e você se deixava guiar por mim.

**B:** O que você está querendo dizer com isso?

**A:** Pense na conversa que estamos tendo agora. Muitas vezes eu o levo a determinados temas através de minhas perguntas.

**B:** E eu a levo a novas perguntas através de minhas respostas. Muito bom, cada um de nós participa na escolha do rumo a ser tomado num guiar e seguir interativo.

**A:** Quando penso em minha vida, percebo as diferentes fases que se revezam: ser **ativo** e **passivo**, **captar** e **entregar** e até mesmo ciclos inteiros como perceber-trabalhar-agir e, por último, simplesmente aproveitar.

Às vezes eu queria **conseguir** ou **evitar** alguma coisa a todo custo e, de vez em quando, eu simplesmente "curtia" a idéia de **estar no caminho**.

**B:** Todas essas categorias também fazem parte do nosso conjunto de estilos diferentes porque determinam a maneira como pensamos e nos comportamos em diversas situações.

**A:** Ainda existem outras categorias?

**B:** Noto que você quer tudo bem **completo**, Ana. Esse também é um estilo, mas não existe uma lista completa dessas categorias porque ela sempre pode ser acrescentada de acordo com o que nos chama a atenção. Experimentei um teste de personalidade, o "neuroscópio". Nele, foram exploradas 128 categorias referentes à minha pessoa. São muitas categorias, mas nem de longe são todas.

**A:** Você tem razão, completar algo leva tempo, e quanto mais nos aproximamos de completar algo, mais raras ficam as peças que ainda faltam – como acontece com colecionadores que custam a achar um selo muito raro. Mas agora me lembro de mais uma diferenciação bastante comum: podemos indagar se uma pessoa fala mais de **pessoas** ou de **coisas**. Muitas pessoas gostam de falar de outras enquanto há aquelas que sempre falam de carros, dinheiro ou computadores.

**B:** Estas são duas categorias que fazem muito sentido e, em se tratando de pessoas, ainda podemos subdividi-las mais ainda: tratando-se da própria pessoa, isto é, de **si mesmo** ou de **outros**, descrevem-se coisas na posição de **participante** ou de **observador**? Tratando-se de outras pessoas, ele ou ela se coloca no lugar das mesmas ou as julga pelas aparências? Ele ou ela se interessa mais pelas **aparências externas** ou pelo que mexe com as pessoas **internamente**...?

**A:** Tenho uma tia que quando nos visita só fala de si mesma. É como se nós não existíssemos ou somente tivéssemos o direito de sermos o público dela. O estranho é que depois dessas visitas também só falamos dela; quer dizer, não falamos de nós mesmos.

**B:** Você quer mudar isso?

**A:** Claro, porque sempre ficamos exaustos depois dessas visitas.

**B:** Então, assim que ela parar de falar um pouco, fale de uma mulher muito parecida com ela e conte como esta ficou totalmente sozinha em certo momento porque ninguém mais queria ouvir o que ela tinha a dizer. Conte-lhe que até mesmo a tia da mulher foi embora, mas não se esqueça de mencionar que a sua própria tia querida obviamente é muito diferente da mulher da história.

**A:** Gostei da idéia. Vou experimentar e se não der certo eu vou embora. Eu a preveni, não é?

**B: Manter** ou **modificar** alguma coisa também são diferenciações que chamam a nossa atenção.

**A:** Realmente existem muitas diferenciações e é muito difícil lembrar-se de todas elas.

**B:** Não precisa, no final do livro há uma lista completa delas. Mas todas essas diferenciações só são estímulos para, numa conversa concreta, chamar a sua atenção para o que o seu interlocutor está dizendo e para aquilo que estimula e melhora a comunicação e o que não. Naturalmente você tem muito mais facilidade de entender pessoas que usam um estilo de falar semelhante ao seu.

**A:** Em contrapartida, elas terão facilidade de me entender. Será que para mim elas não têm graça porque justamente o diferente me estimula?

**B:** Você já notou quais as suas categorias preferidas, Ana? Parece-me que *novo* e *diferente* estão entre elas.

**A:** No meu caso sempre depende da situação e de uma saudável interação. O que é diferente demais também causa estranheza.

**B:** Então você prefere o **"tanto um quanto outro"**, isto é, o equilíbrio ao **"ou um ou outro"**.

Estas são mais duas importantes categorias e seria uma pena se na vida só conseguíssemos pensar de um modo ou de outro. Pode ser que tenhamos preferências, mas a forma adequada de pensar e de falar depende totalmente do contexto, da situação de vida no momento e de nosso parceiro.

**A:** Quando penso em **equilíbrio** não penso em algo estático e sim algo que balança para lá e para cá. Se eu fiquei tempo demais num lado, quero ir para o outro; se eu passei o dia todo pensando de forma lógica, quero poder fantasiar um pouquinho; se eu lidei só com objetos, é importante ocupar-me de pessoas; se eu ouvi lugares comuns em demasia, quero o concreto e vice-versa.

**B:** Como dizem os velhos filósofos chineses, esse é o movimento do Tão entre o Yin e o Yang, isto é, o movimento da energia de vida entre dois pólos, um sendo masculino e o outro feminino.

**A:** Sim, é a tensão entre esses dois pólos que dá vida a tudo e através dos contrastes vivencio tudo de forma muito mais intensiva.

**B:** Só conseguimos perceber qualquer característica quando também conhecemos o outro lado: o claro, porque conhecemos o escuro; o macio, porque conhecemos o duro; o abstrato, porque conhecemos o concreto... e vice-versa.

**A:** Nas emoções também acontece isso comigo. Não posso ser eternamente feliz, mas exatamente por conhecer o outro lado sinto a felicidade com mais intensidade.

**B:** Aqui tocamos em áreas muito pessoais, Ana. Sim, é muito importante existir esse pêndulo na vida. É exatamente onde nunca conhecemos o outro lado que nos falta mais uma preciosa experiência de vida. Mas tudo tem sua hora.

**A:** Por favor, fale de mais algumas diferenciações de estilo.

**B:** Há pouco falamos como dirigimos a nossa atenção para pessoas ou coisas. Claro que ainda há outras categorias, como, por exemplo, a atenção voltada para determinadas **atividades**, para aquilo que deve ser feito ou que esteja acontecendo ou o direcionamento para **informações**: o que é isso? – como funciona isso? – onde fica isso? – como essas coisas estão ligadas?

**A:** Eu gosto de voltar a minha atenção para **lugares**. Para mim, é muito importante saber onde está acontecendo alguma coisa, onde me encontro no momento e qual o astral do lugar. Claro que isso acontece principalmente nas férias, mas a decoração do meu apartamento também é muito importante para mim.

**B:** E eu, por motivos profissionais, infelizmente preciso tomar cuidado com o tempo: será que o tempo dá? – quanto tempo vai levar? – para quando é o compromisso? Mas nas férias aproveito o fato de não ter que tomar conta de mais nada.

**A:** Falando em férias, o que é importante para você quando planeja uma viagem? Pessoas, lugares, informações, atividades ou coisas?

**B:** Quantas perguntas de uma vez. Eu acho que o mais importante para mim é a pessoa com quem estou, isto é, a categoria pessoas. Para mim, também é muito importante se as pessoas do lugar são gentis e naturais ou se só estão interessadas em dinheiro. Em segundo lugar, acho importante saber o que posso fazer, isto é, atividades. Por exemplo, gosto de nadar e mergulhar, caminhar, dançar e comer bem.

**A:** Comer pertence a que categoria, coisas ou atividades?

**B:** Depende. Acho que é uma atividade, no momento em que estou comendo, mas quando penso em pagar a conta, passa para a categoria coisas.

**A:** E nas férias coisas, informações ou lugares não o interessam?

**B:** Uma coisa leva à outra, mas essas categorias ficam em segundo plano nas férias. Preciso de diversas informações sobre um local adequado para exercer as atividades que quero e que não seja muito caro. Saber o que tem para comprar ou ir a lugares para adquirir conhecimentos históricos e culturais não são, confesso, o meu forte.

## Relacionamentos em Equilíbrio

**A:** Que bom que você não é perfeito, porque eu também não sou. Eu, por exemplo, não consigo, simplesmente, passar por determinadas coisas sem pelo menos olhar para elas. Isso acontece principalmente em determinadas sapatarias. A propósito, um agente de turismo com conhecimento dessas categorias poderia oferecer uma orientação personalizada fantástica.

**B:** Não só o agente de turismo. Esse é o motivo porque preferimos comprar com pessoas que tenham mais capacidade de atender nossas preferências e sobre as quais criamos confiança.

**A:** Mas não com pessoas falsas que só dizem o que eu quero ouvir.

**B:** É isso que faz a diferença. As categorias nos ajudam a perceber para onde as pessoas voltam a sua atenção. Elas nos ajudam a responder a isso de modo que haja uma boa comunicação e aproveitamento mútuo.

**A:** Esse não é o princípio win-win?

**B:** De acordo com esse princípio, somente os relacionamentos nos quais ambas as partes ganham são estáveis e capazes de se desenvolverem, isto é, ambas as partes ficam satisfeitas e se desenvolvem, mas não apenas no sentido material. Para cada pessoa, o princípio win-win se refere a diferentes aspectos da vida, grandes ou pequenos. Em relação a você, Ana, sinto que o princípio win-win funciona.

**A:** Eu também sinto o mesmo em relação a você, Bernardo, e acabei de me lembrar de outras metacategorias.

**B:** Conte para mim.

**A:** Existem pessoas que preferem falar e outras que preferem ouvir e se ambas querem a mesma coisa ao mesmo tempo, elas estão com azar e deveriam chegar a um acordo. Se cada um der preferência à outra parte, eles terão chegado a um acordo e vão se dar muito bem.

**B:** Então é válido dizer que os opostos se atraem, mas para que estes não fiquem sempre distribuídos por igual, eles deveriam mudar de lado de tempos em tempos para que cada qual possa vivenciar os dois lados do pêndulo. A natureza nos ajuda quando faz com que nos cansemos ou que fiquemos impacientes e ativos porque é uma meta recompensadora ultrapassar as limitações de papéis fixos e encontrar estilos novos.

**A:** Estilos diferentes sempre se atraem?

**B:** De jeito nenhum. Muitas pessoas com diferentes estilos de pensar inicialmente têm dificuldades de se entenderem. Afinal, o outro talvez tenha uma forma estranha de ver o mundo. Primeiro, precisamos construir uma ponte de características e interesses que tenhamos em comum. Quanto mais diferentes as pessoas, maior o potencial de enriquecimento que podem fornecer umas às outras.

**A:** Deve ser difícil a construção dessa ponte que você acaba de mencionar, não é?

**B:** Ajuda bastante quando uma das partes, talvez a mais experiente ou aquela que é o professor e que conhece os dois mundos, constrói esta ponte para a outra. E para fazer isso a pessoa precisa se ajustar primeiro ao estilo de pensar da outra e, só então, irá familiarizá-la com o novo estilo de pensar.

**A:** Mas o aluno também pode tentar ajustar-se à maneira de pensar do professor.

**B:** O melhor é quando ambas as partes ajudam, porque fazer esse caminho sozinho não é muito fácil. A pessoa que está aprendendo precisa ter confiança de que vai conseguir e que durante o processo também é normal passar por algumas fases de não-compreensão. Precisamos de tempo para aprender a pensar de forma nova. Mais tarde, ampliamos nossas possibilidades de escolhas intelectuais. Autores exigentes costumam colocar exatamente esse tipo de desafio para os seus leitores.

**A:** Então, professores, em geral, têm a grande capacidade de perceber e sentir os estilos de pensar de seus alunos e auxiliá-los sem facilitar demais as coisas, não é?

**B:** Sim, isso é muito importante para pessoas que lidam com crianças, para terapeutas e para aqueles que ocupam cargos de chefia.

**A:** Crianças, por exemplo, normalmente pensam e sentem de forma mais concreta, fazem muitas associações e seguem impulsos espontâneos. E onde fica o pêndulo nisso tudo?

**B:** Exatamente. Não é possível ensinar matemática abstrata ou filosofia numa primeira série.

**A:** E como elas chegam a ter contato com o outro lado do pêndulo?

**B:** O pêndulo balança sobre os anos e os ciclos da vida como também o faz sobre a hora. Talvez leve muitos anos ainda para as grandes teorias, mas também uma criança tem o seu meio de troca e de abstração que podem ser contos de fada, parábolas ou até mesmo as primeiras letras. Todo estilo parte do simples e cresce chegando ao mais complexo.

**A:** Isso quer dizer que na vida não precisamos ater-nos a um determinado estilo mas, certamente, temos nossas preferências em determinadas fases pelas quais passamos. Claro, pessoas mais idosas têm muito mais facilidade de falar do mundo em geral porque já acumularam muitas experiências. Eu tenho a impressão de que em cada fase o ponto principal é diferente.

**B:** E avôs e avós normalmente se entendem muito bem com crianças. Não é interessante ver como gostamos de nos juntar com pessoas que nos completam com suas qualidades? E é com essas pessoas que mais aprendemos.

**A:** No início, nem sempre é fácil construir uma ponte que nos leve a uma pessoa bem diferente de nós porque, muitas vezes, ambas as partes vêm de mundos opostos!

**B:** E nem sempre os opostos se atraem. Para que isso aconteça, são necessários determinados posicionamentos de ambas as partes. Para que na sociedade saibamos melhor quem pode fazer o que e com quem, são distribuídas diversas posições e papéis na sociedade entre os quais estão nossas profissões, posições sociais e estilos de vida. Da indumentária ao título de doutor.

**A:** Mas, às vezes, a sociedade nos força a adotar determinados papéis e estilos porque todos os outros já estão ocupados ou não são permitidos – e isso nos impede de viver aquilo que realmente está dentro de nós.

**B:** Quando o papel que desempenhamos fica restrito demais, nós o mudamos e, até isso acontecer, acumulamos energia e nos preparamos para uma transformação profissional ou ainda para novos amigos e parceiros.

**A:** Isso pode acontecer por meio de uma evolução suave ou também através de uma pequena revolução.

**B:** Não se trata de vivermos uma porção de papéis nessa vida, porque o nosso tempo é limitado. O importante é realizar aquilo que corresponde realmente à nossa maneira de ser e amadurecer através das experiências de aprendizagem que vivenciamos ao longo desse caminho.

Podemos deixar os inúmeros outros papéis e posições para aquelas pessoas que escolheram seguir esse caminho à sua maneira. Ao acompanhar o percurso, as habilidades e a maneira de ser de outras pessoas e interagir com as mesmas, realizamos e aprendemos muito em nós mesmos e através delas. Quem ama sente a riqueza do outro como a própria riqueza. Só a inveja não permite esse sentimento.

**A:** Só agora percebo que em minha vida sempre gostei de me relacionar com pessoas que me completavam, sejam como modelos, parceiros, confidentes ou simplesmente pelo que eu sentia por elas ou através delas. Agora entendo melhor estes dois ditados populares: "farinha do mesmo saco" e "os opostos se atraem".

**B:** Com certeza uma combinação dos dois seria melhor. Por exemplo, pode ser muito enriquecedor quando as pessoas têm valores e metas parecidos, mas utilizam habilidades diferentes para alcançar essas metas, e mesmo assim continuam a falar a mesma língua.

**A:** É, e também quando elas têm consciência de suas diferenças e conhecem e respeitam as suas respectivas qualidades e formas de pensar...

**B:** Aí acontece algo que, inspirado no poeta Reiner Kunze, quero expressar de forma poética:

*Dois resolvem construir uma casa.*
*Um conhece bem o ofício,*
*O outro a beleza.*
*Um cria o concreto*
*O outro cria o que é livre.*
*E no final, bem no final,*
*A casa fica clara na lembrança.*

**A:** Isso é muito impressionante, é como uma antiga saudade que surge em mim – sim, uma parceria poderia ser assim.

**B:** É bom sempre lembrar como as coisas podem ou devem ser e é melhor ainda quando vamos ao encontro delas.

**A:** Isso requer coragem porque também podem surgir decepções.

**B:** Sim, mas ir ao encontro de algo positivo não é ser cego e desatento.

**A:** Em todo caso, é muito melhor do que fugir constantemente de algo indesejável.

**B:** E também não se começa na estaca zero. Com certeza sempre existem muitas coisas que podem ser usadas como ponto de partida.

**A:** Isso me encoraja bastante.

**B:** E aprendemos mais uma coisa: temos três metacategorias importantes que não se manifestam apenas na linguagem mas em toda a orientação básica de uma pessoa: o movimento **em direção a** alguma coisa, **afastando-se** de outra ou **que parte de** algo que já existe.

**A:** Às vezes, todas as três estão presentes em mim – e isso me parece bem adequado.

**B:** E é bom e natural, porque aqui também estamos falando de equilíbrio. Mas esse "algo" que mencionamos antes difere de pessoa para pessoa.

**A:** Talvez as pessoas cujas idéias e objetivos sejam parecidos com as minhas estejam mais próximas de mim.

**B:** Eu também sinto assim.

## Perguntas

**A:** Ainda assim há pessoas que são um mistério para mim. O que eu posso fazer quando simplesmente não consigo entender o que alguém está querendo dizer-me?

**B:** É o que você está fazendo nesse exato momento. Perguntar é melhor e mais seguro do que adivinhar ou fantasiar, mas, obviamente, o seu interlocutor precisa saber do que está falando e que pode dizer a mesma coisa de outra forma. Caso contrário, recebemos respostas do tipo "Isso é assim mesmo" ou outras formas de repetição.

**A:** Ao perguntar, também posso verificar se o que ele disse realmente faz sentido. Eu também posso pedir simplesmente que ele me dê um exemplo ou que seja mais concreto. Você poderia me dar algumas indicações mais concretas em relação ao modo de fazer perguntas, Bernardo?

**B:** Vamos partir do princípio de que alguém esteja querendo passar-lhe importantes informações, mas que não esteja conseguindo transmiti-las claramente. Ele poderia dizer, por exemplo:

*Aconteceu alguma coisa!*

Nesse caso, podemos usar como ajuda o seguinte tipo de pergunta:
*O que você quer dizer com isso?*
*O que você está querendo dizer-me?*
*O que isso significa para você?*
*Como assim?*
*Isso está relacionado a quê, quando, onde, com quem?*
*Ou:*
*Por favor, descreva com mais detalhes o que você está querendo dizer!*

**A:** E se eu quiser repassar internamente o que minha amiga está dizendo, o que ela vivenciou ou está vivenciando? Ela poderia dizer, por exemplo:

*Tive um dia maravilhoso!*

**B:** Você poderia perguntar o que ela vivenciou a nível sensorial, por exemplo:

*Você consegue repassar todo esse dia mentalmente?*
*O que você está vendo quando faz isso? O que você ouve? O que sente?*
*O que você diz a si mesma?*

E um pouco mais diferenciado:

Está quente ou frio, barulhento ou silencioso, está sozinha ou acompanhada?
O que está sendo falado?
Em que parte do corpo você está sentindo alguma coisa? E assim por diante.

Dessa forma, não exploramos apenas o que uma pessoa vivencia, mas também como vivencia e a levamos a se aprofundar cada vez mais em seu mundo de experiências.

**A:** Mas perguntar demais também é perigoso porque poderia enervar o nosso parceiro.

**B:** Precisamos de muita sensibilidade para saber quais e quantas são as perguntas adequadas. O "feedback" de nosso parceiro, a sua reação, mostra-nos se elas são bem aceitas ou não. Quem realmente quer ser dissecado, não é? E nem todo relacionamento permite perguntas de ordem muito pessoal.

**A:** Mas quando só queremos nos informar sobre o caminho para o ponto do ônibus, perguntar sempre é permitido.

**B:** Vamos tentar. Agora eu sou um paulista e esta é minha cidade natal.

**A:** *Desculpe, pode me dizer onde fica a estação de metrô?*

**B:** *Logo ali.*

**A:** *Ali aonde?*

**B:** *Ali na segunda sinaleira.*

**A:** *Para a direita ou para a esquerda?*

**B:** *A senhora não está vendo, madame?*

**A:** *É aquela lá na frente? Acho que agora estou vendo.*

**B:** *Está vendo. A Senhora consegue ver a estação tão bem quanto eu.*

**A:** *Ah, ainda bem que encontrei.*

**B:** *Tudo bem. E uma boa viagem.*

**A:** *Obrigada.*

**B:** *De nada.*

**A:** Bernardo, mais adiante eu quero aprender muito mais sobre formas de indagação.

**B:** Eu vou falar do metamodelo da linguagem para você, mas não agora. Vamos deixar isso para mais tarde.

## 4 A Capacidade de Expressão Sensorial

### A Linguagem Baseada na Experiência

**A:** Falamos muito sobre o que podemos fazer para entender melhor. Agora eu quero saber mais sobre como posso expressar-me bem.

**B:** O que você quer dizer com "expressar-se bem"?

**A:** Bem, aquilo que alcança o outro lado, toca o meu interlocutor.

**B:** E o que deve alcançar o outro lado?

**A:** Sentimentos, por exemplo, ou fantasias, os sentidos devem brilhar e a imaginação deve pegar fogo.

**B:** Agora você acaba de responder a sua própria pergunta. Eu perguntei até você usar palavras que faziam algum sentido para mim, palavras que mexem com os sentidos.

**A:** Normalmente eu me lembro de poucas palavras desse tipo.

**B:** Pense em alguma experiência interessante que você tenha tido.

**A:** Houve aquela vez em que estive em Madagascar. Sabe, aquilo foi uma experiência única.

**B:** Eu acho que você está vivenciando tudo novamente neste momento. Para desencadear experiências que você já conhece, só precisa de um estímulo como esse e, automaticamente, as associações começam a surgir. Se eu também tivesse estado em Madagascar talvez também tivesse as minhas lembranças, mas, infelizmente, não estive lá. Por isso, eu gostaria de saber mais a respeito.

**A:** Sim, agora estou no meio da minha experiência. Nós, a minha amiga e eu, estamos passando de barco por uma parte afastada da ilha. O barco está carregado de caixotes e barris e também há alguns moradores à bordo que estão retornando para as suas casas. O tempo parece estar parado à medida que passamos lentamente por debaixo de tetos de folhagens e trechos acidentados. Às vezes, o barco atraca em algum lugar para deixar moradores do local que saltam da embarcação em meio a raízes e plantas. Logo essas pessoas fogem de nossas vistas engolidas pela densa vegetação. Nesse barco, conhecemos Pierre. Ele tem uma maneira calma de ser que, de repente, muda para um jeito alegre e maroto. Saltamos no mesmo local e seguimos por uma trilha que nos leva a um vilarejo com uma meia dúzia de palhoças. Na mesma hora, eu me apaixono por esse idílio rural. Em frente às palhoças, algumas crianças de origens diferentes brincam com bonecos de madeira. Elas riem e falam em voz alta. Uma das crianças tem a pele clara e os olhos amendoados de um chinês; outra, de pele escura como o ébano, tem cabelos crespos como um africano. Duas outras crianças, provavelmente, têm descendência árabe. Seus cabelos negros estão presos em trancinhas. Pura confraternização de povos. Eu não consigo parar de olhar essa cena harmoniosa. Entre as crianças, ciscam patos e galinhas. Dois perus começam a brigar. Uma mulher leva um porco rosa que está amarrado numa corda para passear. Sinto o cheiro de cravo e de abacaxis maduros.

**B:** Obrigado, Aninha. Dessa forma consegui vivenciar um pouco daquilo que você viu e sentiu. Isso mexeu com todos os meus sentidos: vi, senti e cheirei. Internamente, eu até mesmo agi como se estivesse lá.

**A:** Eu consegui descrever isso desta forma porque realmente vivi tudo aquilo que contei. Talvez seja esse o segredo da verdadeira expressão.

**B:** Claro, este é um bom caminho, principalmente quando queremos transmitir as nossas vivências para outras pessoas. Mas a fantasia também é um bom conselheiro quando não queremos transmitir nossas próprias experiências, mas inventar estórias, contos de fadas e viagens fantásticas.

## A Escolha de Palavras Especificamente Sensoriais

**A:** Quais as palavras que tocam nossos sentidos?

**B:** Existem listas de palavras sensoriais. Vamos descrever uma casa de três formas diferentes:

*Essa casa é clara e as grandes janelas inteiriças têm a vista para o grande parque com suas frondosas árvores, o largo caminho de areia ensolarado e as roseiras amarelas e vermelhas que estão em plena flor. No interior, o olhar cai sobre o papel de parede em "art nouveau" com desenhos de lírios compridos nas cores verde e lilás, sobre vasos altos e móveis barrocos cor de marfim.*

*Este é um local calmo. Do lado de fora, só ouvimos os passarinhos cantando no parque onde moram. É um local de reflexão onde a voz interior não é apagada pelo barulho da civilização e onde, diariamente, ouvimos durante uma a duas horas o treino de piano da filha da casa. No outono, às vezes podemos ouvir o canto do vento pela lareira aberta. E como é agradável, no inverno, ouvir o fogo na lareira acesa enquanto conversamos calmamente ao som de uma boa música.*

*Nessa casa, você se sente bem. Há espaço suficiente. A sala de estar parece um ninho de tão confortável que é. À noite, o sofá super confortável, o calor da lareira, a tua mão na minha mão. Pode ter algo mais agradável? E, para acompanhar, o sabor do vinho suave e o cheiro da madeira queimando.*

**A:** Percebi que o primeiro enfoque era ver, depois ouvir e, por último, sentir.

**B:** Odor e sabor também estavam presentes. As pessoas têm seus sentidos preferidos. Quando as queremos tocar de alguma forma, é aconselhável começarmos com os seus sistemas sensoriais preferidos e depois construirmos pontes para outros sentidos. Essa criação de pontes é chamada de superposição:

*Quando olho as coisas nessa casa, sinto a calma que ela transmite, eu me sinto acolhida. Vejo a filha sentada ao piano, seus dedos se movimentam no teclado e logo o som do estudo enche o aposento. E quando me olha desse jeito você pode sentir o que meus olhos lhe dizem.*

**A:** Isso foi muito romântico. Acho que muitos poetas são mestres na arte de interligar impressões sensoriais e com isso criam experiências totalmente novas.

## Propriedades Secundárias dos Sentidos

**A:** Por favor, Bernardo, faça um poema.

**B:** *O pesado azul da noite que cai brada a sua última saudação vermelha para dentro da terra quente que se deita fumegante.*

Isso foi espontâneo e ao final do livro que estamos escrevendo agora certamente estarão outras "obras clássicas" de meu amigo Bernardo.

**A:** Estou curiosa. Aparentemente faz parte da expressão viva ter à disposição palavras adequadas provenientes de diversos sistemas sensoriais.

**B:** Isso é só uma parte e, por isso, precisamos primeiro compilar as palavras das quais nos lembramos espontaneamente:

*O que podemos ver, observar e contemplar é ou está claro ou escuro, grande ou pequeno, colorido ou sem cor, movimentado ou parado, bonito ou feio, perto ou longe, difuso ou claro, esquerdo ou direito, dentro ou fora.*

*O que podemos ouvir, escutar, dizer e cantar é ou está alto ou baixo, soa alto ou baixo, rápido ou lento, forte ou fino, compõe-se de palavras ou sons, vem de dentro ou de fora, de perto ou de longe, de cima ou de baixo.*

**A:** Eu já tinha quase esquecido que o ouvir implica muito mais do que palavras.

**B:** Afinal de contas, as palavras têm as suas próprias características:

*Palavras são significativas ou insignificantes, espertas ou bobas, compreensíveis ou pouco claras – lembrando que esta última expressão pertence à área visual.*

**A:** E o sentir?

**B:** O que percebemos e sentimos é quente ou frio, duro ou macio, áspero ou liso, leve ou pesado, forte ou fraco, apertado ou largo, firme ou solto, seco ou úmido, delicado ou grosseiro, redondo ou quadrado, movimentado ou calmo.

**A:** No sentir, também há muitas outras diferenciações.

**B:** Às vezes são sensações físicas internas ou externas, às vezes são as nossas emoções ou um estado pessoal que pode ser feliz ou triste, ansioso ou entediado.

**A:** Quando dentro de nós são desencadeados determinados sentimentos, muitas vezes os atribuímos a coisas e acontecimentos externos apesar de sermos nós mesmos a vivenciar essas experiências e não as coisas às quais as atribuímos.

*A camiseta é legal ou horrível.*
*A música é romântica ou relaxante.*
*O deserto é solitário.*

**B:** Ou o trabalho que é cansativo ou fácil. Mas na verdade não é o trabalho em si e, sim, o que eu mesmo sinto enquanto o realizo, isto é, aquilo que ele desencadeia em mim.

**A:** Falando em trabalho, o que acontece com a ação e o fazer? Os verbos correr, trabalhar, dançar ou saltar pertencem à categoria sentir?

**B:** Todas essas são atividades motoras que requerem muito movimento. Essas sensações motoras são percebidas pelos nossos músculos, além de outras sensações físicas como temperatura, contato de pele e o conjunto de todos os movimentos que também incluem a visão, o equilíbrio, o ritmo interno ou o diálogo interno de orientação. Cada ação e cada comportamento complexo tem sua própria composição de partes sensoriais.

**A:** Então, o melhor é colocar a ação numa categoria especial que contenha principalmente sensações físicas, mas também inclua todos os outros sentidos.

**B:** E muitos verbos expressam as diversas formas de atividade:

Trabalhar, andar, escrever, mexer, dançar, jogar, escalar, nadar, organizar, seguir, descansar, descobrir, superar, alcançar, montar, desdobrar, voar, fazer, comer, falar, mostrar, criar, realizar, resolver...

**A:** Alguns verbos nos dizem mais sobre os meios e os sentidos envolvidos enquanto outros, como por exemplo "realizar" ou "fazer", são pouco específicos e requerem uma descrição mais detalhada para que se consiga entender algo concreto. E cá estamos novamente nas palavras sensoriais.

**B:** Não é interessante que para a descrição das propriedades sensoriais (também as chamamos de submodalidades), geralmente, há pares antônimos?

*Claro-escuro, doce-azedo, pequeno-grande, duro-macio, barulhento-silencioso, quente-frio...*

**A:** E novamente parece que só conseguimos perceber um quando também conhecemos o outro.

**B:** Só a experiência do contraste nos abre as portas para a experiência da diversidade e, por isso, aproveito logo para mandar lembranças para a Senhora Yin e o Senhor Yang na China.

## Expressões Sensoriais

**A:** Acabo de me lembrar que muitas das expressões que usamos em nosso dia-a-dia representam certos sistemas sensoriais.

**B:** Para o sistema visual temos, por exemplo:

*Tudo claro. Estou vendo o que você quer dizer. Temos o mesmo ângulo de visão. Isso não está muito claro para mim. Isso ilumina a questão. O futuro está claro. Não tenho sombra de dúvida. Você é um colírio para os meus olhos.*

**A:** Para o sistema auditivo temos, por exemplo:

*Vivemos em harmonia. Parece que ele está falando grego. Não faça tanto bafafá. Entrando por um ouvido e saindo pelo outro. Você encontrou o tom certo. Isso é música para os meus ouvidos.*

**B:** Para as sensações físicas:

*Eu tenho contato contigo. Consigo captar isso. Senti isso nos ossos. Uma mulher calorosa. Um homem durão. Boto minha mão no fogo. Ter uma base firme. Tudo corre sem atritos. Agradável.*

**A:** Odor e sabor:

*Tem algo podre nessa história. Um doce de pessoa. Um comentário amargo. Um comentário apimentado. Um remédio amargo. Sal na sopa dos outros... Ele tem faro.*

## A Modificação de Propriedades Sensoriais

**A:** Quando observamos os processos de vida naturais, percebemos que as impressões sensoriais mudam constantemente...

**B:** Por isso, podemos, através de ligeiras alterações lingüísticas nas impressões sensoriais, tornar processos de vida e desenvolvimentos mais compreensíveis:

*Há alguma coisa que fica mais clara, aproxima-se, afasta-se novamente, dissolve-se, fica mais densa, torna-se mais ruidosa, mais silenciosa, mais clara e se movimenta de um lugar para o outro. Surgem novas perspectivas e pontos de vista. A escalada de uma montanha nos fornece uma visão geral. Nas férias, podemos contemplar as coisas a partir de uma determinada distância.*

Ou podemos vivenciar algo assim:

*À noite, a paisagem ficava mais tranqüila e quieta à medida que uma brisa fresca soprava em nossos rostos e uma misteriosa sabedoria aproximava-se até ficar palpável.*

Tais mudanças perceptivas não são apenas interessantes para autores de roteiros de cinema, elas também desempenham um importante papel na terapia. Só pelo fato de descrevermos experiências desagradáveis como sendo pequenas e estando distantes e experiências agradáveis como sendo grandes e estando próximas, temos mais facilidade de trabalhar problemas que, assim, perdem seu poder opressor.

**A:** Claro, conheço isso muito bem. Contemplando os problemas com um certo distanciamento, muitas vezes encontramos soluções que não conseguimos perceber quando estamos totalmente envolvidos em determinada situação.

**B:** Do mesmo modo como a distância espacial das experiências influencia fortemente a nossa vida, a sua posição temporal e seu desenvolvimento também exercem uma certa influência, pois também vivenciamos o tempo a nível espacial.

*Com o tempo, deixamos as coisas para trás. Acontecimentos futuros são construídos à nossa frente. Superamos um obstáculo. O tempo passa voando. Era, é, foi, vai ser.*

## Palavras Significativas

**A:** O que vimos até agora, certamente, foi apenas uma parte ínfima do enorme tesouro de sentidos de nossa linguagem. Vale a pena continuar procurando.

**B:** Existe um sem-número de palavras que não indicam o canal sensorial escolhido. Já constatamos isso ao trabalhar com ações. Nesse tipo de palavra, o ouvinte, a não ser que indague, pode utilizar o canal sensorial de sua escolha:

*Tudo o que vivenciamos, aprendemos, percebemos e desenvolvemos é interessante ou indiferente, valioso ou barato, bom ou ruim, tem futuro ou não tem esperança, é concreto ou genérico, novo ou velho, adequado ou inadequado, sensato ou sem sentido.*

Em vez de indicar o canal sensorial, essas palavras transmitem algo sobre o significado de alguma coisa, sobre o tempo contemplado, sobre alterações e convicções.

**A:** Então, os sentidos são apenas o ponto de partida e o sentido é a continuação.

## Instruções de Uso

**A:** É melhor sempre apresentar as coisas tão detalhadamente em todos os sentidos?

**B:** Quando o seu interlocutor possui o número suficiente de experiências referenciais concretas, tanto a nível interno quanto externo, você pode, tranqüilamente, dizer as coisas de forma mais resumida. Ele ou ela vai entender poucas palavras ditas em termos gerais, mas pode acontecer que ele ou ela entenda algo diferente daquilo que você tenha querido dizer.

**A:** Por isso, vale a pena perguntar como as minhas palavras foram entendidas pelo meu interlocutor, não é?

**B:** Em muitas situações, não pretendemos endereçar toda a experiência sensorial. Quando só precisamos de fatos e dados com os quais o destinatário saiba o que fazer, estes, naturalmente, são suficientes.

**A:** Muitas vezes precisamos economizar tempo na comunicação, mesmo que isso aconteça em detrimento da diversidade da expressão ou do relacionamento.

**B:** De outro lado, às vezes é muito importante tocar os sentidos quando se trata de pedagogia, terapia, arte ou ainda comunicação de mercado e, é claro, de nossas relações pessoais.

**A:** Eu sei. Quando descrevo alguma coisa sensorialmente, outras pessoas conseguem entender tudo muito melhor, não importa se eu realmente vivenciei aquilo ou apenas estou inventando.

**B:** Claro, uma vez que elas querem reviver o que você contou.

**A:** Mas nós deveríamos ser honestos com as outras pessoas quanto àquilo que provém de nossa memória e o que tiramos de nossa imaginação.

**B:** Se a sua atenção está voltada para as suas próprias experiências, você simplesmente vai falar do jeito que as coisas vem à sua mente e isso é involuntário, mas, em se tratando de transmitir determinadas experiências para os seus ouvintes de maneira que correspondam à visão deles, você pode dizer aquilo que quer, de forma consciente e criativa.

**A:** E devemos prestar atenção naquilo que desencadeamos com as nossas palavras observando bem as reações das pessoas que estão nos ouvindo ou fazendo perguntas para averiguar como a mensagem foi captada.

**B:** Você deve perceber que as suas palavras somente são aceitas e decodificadas internamente depois que as duas partes estabeleceram contato e confiança entre si.

**A:** Eu desenvolvo a confiança quando reconheço que uma pessoa é sensível, tem boas intenções e é competente.

**B:** Dessa forma, nós nos protegemos da lábia daqueles mensageiros e comerciantes cuja embalagem não tem nada a ver com o conteúdo.

## 5 Estabelecer Metas

### Evitar para Conseguir

**A:** Eu gostaria de auxiliar outras pessoas a estabelecer suas metas, isto é, aquilo que elas querem conseguir. Como posso começar a fazer isso?

**B:** Existe uma forma de indagação que ajuda os outros a estabelecer metas ou tornar as suas colocações mais abstratas, sensorialmente vivenciáveis, porque isso influencia a sua motivação fortemente e os ajuda a verificar se uma determinada meta realmente vale a pena. Fale de uma meta que você tenha.

**A:** Quero ser bem sucedida.

**B:** O que você quer dizer com bem sucedida?

**A:** Que eu tenha condições de montar o meu próprio atelier de trabalho.

**B:** E como seria se conseguisse fazer isso?

**A:** Bom!

**B:** O que você vivencia? Você vê, ouve e sente alguma coisa?

**A:** Estou sentada em meu atelier e tem espaço para todos os quadros que são importantes para mim. Está claro e ao fundo toca um jazz. Sinto aflorar cores e formas de dentro de mim. Sem mais nem menos começo a trabalhar com muita facilidade. Legal!

**B:** E o que é o melhor nisso tudo?

**A:** A sensação da liberdade de criação. É um sonho!

**B:** Isso já soa bem diferente do que a frase seca que usa o termo "ser bem sucedido".

**A:** A motivação toda também é bem diferente para mim.

**B:** Percebeu que já existe esse sentimento de liberdade dentro de você?

**A:** É isso mesmo e o que está dentro de mim quer manifestar-se externamente através de meus quadros.

Infelizmente, às vezes, também ficamos desmotivados. Existem muitas negações que nos dizem o que não deve ser, mas também não mostram nenhuma alternativa.

**B:** Eu não quero mais ser infeliz.

**A:** E o que você quer então?

**B:** Ora, eu quero felicidade.

**A:** E o que é a felicidade para você?

**B:** *Nesse momento, uma boa comida à beira da praia com direito a ver o pôr-do-sol.*
**A:** *E o que mais?*
**B:** *Eu sei, mas não quero dizer.*
**A:** *O seu rosto está radiante agora.*

**B:** Somente quando imaginamos o que desejamos é que começa a verdadeira motivação, pois, enquanto falamos usando negações, a nossa capacidade de imaginação somente retém uma imagem involuntária na cabeça.

**B:** Tente não pensar num tomate vermelho...

**A:** *Droga, nesse momento só consigo pensar num tomate vermelho.*
**B:** *Esforce-se para não pensar no tomate vermelho.*
**A:** *O "não" não está ajudando.*
**B:** *Tudo bem. Então pense no sol brilhando ao invés disso.*
**A:** *Agora você acaba de me salvar. Funciona.*

**A:** Se resumirmos o que acabamos de testar aqui, certamente conseguiremos estabelecer determinadas regras para metas racionalmente formuladas as quais, então, poderemos usar como linha mestra em nossas indagações.

**B:** Já tenho algumas dessas regras:

– **Em primeiro lugar:** a meta deveria ser sempre positiva, isto é, negações devem ser transformadas em afirmativas.

– **Em segundo lugar:** a meta deve ser sensorialmente concreta de forma que, internamente, consigamos perceber, com todos os nossos sentidos, como será quando a alcançarmos. Isso é tão importante para a motivação e a verificação da qualidade da meta quanto para o fato de saber quando conseguimos atingi-la.

**A:** Porque às vezes acontece que as pessoas já alcançaram suas metas há muito tempo, não perceberam isso e continuam correndo atrás delas.

**B:** E, dessa forma, podem, facilmente, perder o que já conseguiram alcançar.

– **Em terceiro lugar:** a meta e suas conseqüências sobre a própria pessoa, outras pessoas e a natureza devem ser construtivas, nunca destrutivas.

**A:** No que tange à natureza, estou pensando, principalmente, nas metas de certos empreendimentos econômicos, mas também é importante saber qual o preço da concretização de uma meta, pois eu gostaria de poder defendê-la junto a mim mesma e a outras pessoas.

**B:** O ideal é conseguir manter tudo o que tínhamos de valioso até agora, mesmo quando alcançamos uma nova meta.

- **Em quarto lugar:** não deveríamos eliminar o que foi positivo até agora por causa de uma meta alcançada e, sim, incluí-lo no desenvolvimento futuro dando-lhe uma nova forma.

**A:** Antigamente, eu via o planejamento para o futuro como sendo uma decisão entre a renovação e a conservação, mas vejo agora que, de forma criativa, posso incluir as coisas que são importantes para mim em meu planejamento do futuro.

**A:** Antigamente, eu via o planejamento para o futuro como uma decisão entre renovar e conservar, mas hoje eu vejo que muito daquilo que gosto e aprecio pode ser incluído de forma criativa em meus planos para o futuro.

**B:** Deixando para trás o que você não precisa mais.

- **Em quinto lugar:** muitas vezes, é racional descrever contexto, tempo e coerência dentro dos quais uma meta deve ser atingida.

**A:** Dessa forma, desenvolvemos expectativas realistas, protegemo-nos de sonhos desvairados e, internamente, nos preparamos para um caminho previsível.

**B:** E, por isso mesmo, o último ponto é tão importante:

- **Em sexto lugar:** tudo depende se realmente há um caminho que leva ao objetivo e se este é possível de ser seguido por nós. Metas cuja realização deve ser possibilitada pelos céus ou por um anjo da sorte ainda desconhecido alimentam a esperança, mas certamente não a probabilidade da realização.

**A:** A não ser que, e talvez isso também seja possível, conhecêssemos meios de agradar os céus ou motivar o anjo da sorte...

**B:** Por mais louca que seja a meta, dificilmente vai surgir alguém que se disponha a seguir o caminho que leva à mesma no meu lugar.

**A:** Às vezes sim.

**B:** Mas seria uma pena porque é exatamente nesse caminho que eu mais vivencio e aprendo. Muitas pessoas também dizem que "o caminho é a meta" e não se fixam muito no ponto final.

**A:** Mas, Bernardo, às vezes, deixar-se levar também pode ser bom.

**B:** Claro, vendo as coisas assim você tem razão.

## Os Motivos por Detrás das Metas

**A:** Bernardo, algumas pessoas têm metas muito rígidas e absolutamente positivas, mas eu tenho a impressão de que por detrás delas também se esconde o medo de falhar.

**B:** Bem observado. Muitas vezes, as metas escondem um outro lado sobre o qual não se falou. Se tocássemos esse lado, poderíamos descobrir que queremos evitar alguma coisa como, por exemplo, falhar, ser pobre, ser rejeitado, ser marginalizado. Uma pessoa cuja meta mais importante é alcançar independência e autonomia pode estar escondendo por trás da mesma o seu medo de aproximação.

**A:** Uma pessoa que almeja ter poder sobre outras pessoas talvez esteja querendo evitar o contato com a sua própria insegurança.

**B:** Algo assim é compreensível, mas se torna problemático quando evitar experiências difíceis passa a ser o conteúdo principal – e quando este, por sua vez, é reprimido.

**A:** Então, nossas metas podem impedir-nos de olhar para áreas inseguras de nossa vida e mudá-las, porque, simplesmente, "contornar a situação" geralmente deixa tudo como estava antes.

**B:** Quando contemplamos, além da meta, a situação da qual ela se originou no passado, podemos reconhecer que experiências prévias e metas estão intimamente ligadas e reforçam os objetivos e os modelos de personalidade, sem colocá-los em equilíbrio. Pesquisar essas conexões sistemáticas é tarefa de terapeutas e orientadores.

**A:** Então, nem sempre, é muito racional estabelecer metas?

**B:** De jeito nenhum. Muitas vezes, é importante deixar-se levar pela vida, agir de acordo com inspirações espontâneas ou, simplesmente, sair para explorar e descobrir coisas.

**A:** Aqui, temos novamente a questão do equilíbrio entre a meta certa e o deixar-se levar.

**B:** E entre a estruturação e a intuição, a atividade e a passividade, a liderança e o liderar. E somente dentro desse contexto mais amplo as metas encontram o seu precioso lugar.

***A:*** Para pessoas que sofrem com estresse constante e se sentem sobrecarregadas por tarefas e compromissos, metas podem ser apenas "mais um fator desse tipo" ao invés de um enriquecimento da vida.

***B:*** Pode ajudar muito não estabelecer uma meta concreta e restrita demais e deixar algo um tanto vago e aberto nela; assim, tenho uma direção a seguir, talvez uma visão, mas como e quando chego lá vai depender da minha intuição.

***A:*** E há espaço para surpresas e abertura para tudo aquilo com que me deparo ao longo do caminho.

Perguntas
Metamodelo
Recursos
RETÓRICA
Ressignificar
Troca
*Visão do Mundo*

*Parte II*
*Troca da Mudança*

# Troca e Mudança

## 1 O Metamodelo da Linguagem

**A:** Até agora falamos muito da expressão especificamente sensorial e também sobre como podemos indagar o que uma pessoa vê, ouve ou sente e como podemos tornar tudo mais concreto e compreensível. Ainda existem mais coisas que dependem de indagações?

**B:** A indagação já nos leva muito longe, mas há limitações porque, conforme mencionado na primeira parte, a linguagem está repleta de generalizações não comprovadas e falta de informações. Além disso, muitas coisas que são ditas não passam de suposições e fantasias.

**A:** Agora eu sei que a indagação sistemática significa eliciar a informação completa partindo da estrutura superficial até chegar à estrutura mais profunda.

**B:** Nem sempre precisamos verificar tudo a fundo. Tudo depende muito das informações que queremos obter e, certamente, estas têm contextos muito diferentes numa terapia ou numa simples informação que pedimos sobre o caminho para determinado lugar, porque em consultorias e em terapias não tratamos apenas de nossas necessidades de informação e de nossa curiosidade. Em geral, o ponto primordial é ajudar o cliente a juntar e selecionar as suas lembranças e percepções que, muitas vezes, estão muito fragmentadas.

**A:** E como posso aprender a indagar realmente bem em casos bem difíceis?

**B:** Para isso, temos um modelo de linguagem chamado de metamodelo; baseado nos estudos do lingüista Noam Chomsky e na sua gramática da transformação. Ele contém uma série de perguntas que ajudam a eliciar experiências concretas e informações. "Meta" significa observar algo a partir de um ponto de vista oculto; neste caso, a linguagem falada. Aqui, observamos a relação entre o que é dito e o que poderia ser dito de forma mais completa e não ficamos somente na observação. Aproveitamos uma variedade de perguntas que nos possibilitam resgatar informações perdidas, retirar generalizações e questionar suposições não comprovadas. As perguntas estão agrupadas de acordo com esses três objetivos e cada um desses grupos, por sua vez, está subdividido em diversos subgrupos.

**A:** Que tal mostrarmos alguns exemplos?

**B:** Daqui a pouco. Apresentamos as perguntas baseando-nos em trechos de três diálogos. Essas perguntas estão, sistematicamente, organizadas em grupos principais e subgrupos. Ao final de cada diálogo, a pessoa que estava indagando faz um resumo da estrutura aprofundada que foi trabalhada através dessas perguntas.

## Grupo Principal: Omissões

### Quando Faltam Informações

Vamos acompanhar o diálogo entre a orientadora Silvia e Rita, uma aluna de doze anos.

### Subgrupo: Omissão Pura

Aqui, a questão é recuperar e acrescentar as informações que estão faltando.

*Rita: Estou contente...*
*Silvia: Por que você está contente?*
*Rita: Porque agora consigo começar.*
*Silvia: Começar o quê?*
*Rita: A não ter mais medo.*
*Silvia: De quê?*
*Rita: De falar.*
*Silvia: De quê?*
*Rita: De meus sentimentos.*
*Silvia: Com quem?*
*Rita: Com meu namorado. Isso é muito bom!*
*Silvia: Bom para quem?*
*Rita: Para mim e para ele.*
*Silvia: Que bom. Parece que está sendo cada vez mais fácil falar com seu namorado sobre os seus sentimentos e isso faz muito bem a vocês dois.*

## Subgrupo: Omissão de uma Comparação

Queremos descobrir com o que alguma coisa está sendo comparada.

*Rita: Agora já tenho muito mais facilidade de falar.*
*Silvia: Comparado com que época?*
*Rita: Um ano atrás. Agora tudo está mais interessante.*
*Silvia: Mais interessante que qual coisa?*
*Rita: Do que só ouvir. Os "Backstreet Boys" são os melhores.*
*Silvia: Os melhores como?*
*Rita: Os melhores entre os grupos de que gosto de ouvir. São até melhores do que o"East 17".*
*Silvia: É, agora você já está com muito mais facilidade de falar do que há um ano e para você é muito mais interessante falar do que ficar só ouvindo. Você também gosta de música e o seu grupo preferido são os "Backstreet Boys" que são até mesmo melhores que o "East 17".*

## Subgrupo: Palavras Referenciais Pouco Específicas

Queremos saber a quem ou a que estamos nos referindo.

*Rita: Alguma coisa mudou.*
*Silvia: O que é essa "coisa"?*
*Rita: Alguém gosta de mim.*
*Silvia: Quem é esse alguém?*
*Rita: É meu namorado e ele é muito legal.*
*Silvia: Como assim, legal?*
*Rita: Ele gosta de música, toca uns instrumentos e joga futebol e algumas coisas nós fazemos juntos.*
*Silvia: Que coisas?*
*Rita: Andar de bicicleta e ir tomar sorvete, por exemplo.*
*Silvia: Mais alguma coisa?*
*Rita: Passear andando de mãos dadas e conversar.*
*Silvia: Agora você tem um namorado que gosta de você e que também é muito legal porque faz música e joga futebol. Vocês também fazem algumas coisas em conjunto, como, por exemplo, andar de bicicleta, tomar sorvete e passear de mãos dadas.*

## Subgrupo: Verbos Pouco Específicos

Aqui, é dito que algo está acontecendo, mas nós queremos saber como isso acontece.

*Rita: O professor de português elogiou a minha última redação.*

*Silvia: E como ele fez isso?*

*Rita: Ele disse na frente da turma toda que a minha redação foi a mais natural e espontânea de todas.*

*Silvia: E como você se expressou para que a sua redação ficasse tão natural e espontânea?*

*Rita: Descrevi exatamente o que e como vivenciei...*

*Silvia: E como você vivenciou isso?*

*Rita: Eu vi imagens e ouvi vozes internas.*

*Silvia: E o que diziam essas vozes?*

*Rita: Está tudo escrito na redação. Pode ler.*

*Silvia: O professor de português a elogiou na frente de toda a turma pela sua redação na qual você descreveu, de forma espontânea, o que vivenciou através de imagens e vozes internas. Isso é muito legal!*

## Subgrupo: Nominalizações

Nós queremos saber qual a atividade que se esconde atrás de um substantivo.

*Rita: Agora estou com esperança novamente.*

*Silvia: Qual a sua esperança?*

*Rita: Uma solução.*

*Silvia: E o que deve ser solucionado?*

*Rita: O problema.*

*Silvia: E o que foi problemático para você até agora?*

*Rita: Essa coisa com o sucesso.*

*Silvia: Até agora você não tem sido bem sucedida?*

*Rita: Sim, mas só através de adaptação.*

*Silvia: E você se adaptou a quê?*

*Rita: Às expectativas dos professores.*

*Silvia: E o que os professores esperavam de você?*

Rita: Imitação.
Silvia: E o que queriam que você imitasse?
Rita: Os exemplos dos exercícios.
Silvia: Que exemplos os professores deram a vocês?
Rita: Os exemplos do livro.
Silvia: E o que mudou?
Rita: Agora tenho sucesso através da naturalidade e da espontaneidade.
Silvia: Agora você vivenciou que não é bem sucedida por fazer tudo de acordo com os exemplos do livro, mas porque você fez de acordo com o que sentiu. Isso é natural e por isso você também sabe que, de agora em diante, pode ser bem sucedida em sua maneira natural de ser.

## Grupo Principal: Generalizações

Quando a área de validade é questionável.

Vamos acompanhar o diálogo entre Dª Vilma e o Sr. Matos, respectivamente a secretária e o chefe de departamento de uma importante empresa.

## Subgrupo: Termos Universais

Será que na vida tudo é sempre assim?

Sr. Matos: A Senhora está sempre chegando atrasada.

Dª Vilma: Sempre?

Sr. Matos: Em todo caso, essa já é a segunda vez agora. Assim, é mais fácil fazer tudo sozinho.

Dª Vilma: O Sr. quer dizer tudo mesmo?

Sr. Matos: Ninguém me ajuda mesmo.

Dª Vilma: Não há ninguém que o ajude?

Sr. Matos: Claro que há. De vez em quando a Sra. me ajuda. Ainda ontem foram quatro horas extras. Eu ando tão preocupado...

Dª Vilma: Mas o que o está preocupando tanto?

Sr. Matos: Nada que faço está dando certo.

Dª Vilma: Nada? O que não está dando certo?

Sr. Matos: Ninguém me entende.

Dª Vilma: Isso eu consigo entender muito bem.

Sr. Matos: Em anos a Senhora é primeira pessoa que me entende!

## Subgrupo: Necessidades e Impossibilidades

Estamos interessados em saber que intenções, motivos e alternativas existem.

Sr. Matos: *Não podemos permitir quaisquer paradas na produção.*

Dª Vilma: *O que poderia acontecer?*

Sr. Matos: *Não conseguiríamos vender os nossos produtos.*

Dª Vilma: *E o que nos impediria de fazer isso?*

Sr. Matos: *Nossa concorrência estaria no mercado antes de nós roubando-nos a clientela.*

Dª Vilma: *E o que nos impede de marcar a nossa presença a tempo?*

Sr. Matos: *Nossa capacidade de produção está pequena.*

Dª Vilma: *E não podemos aumentar a produção?*

Sr. Matos: *Para isso, teríamos que parar por alguns períodos e é exatamente isso que não temos condições de fazer.*

Dª Vilma: *E o que acontece se tudo continuar na mesma?*

Sr. Matos: *Aí vamos chegar num ponto em que tudo pára.*

Dª Vilma: *E o que aconteceria se vendêssemos menos agora, mas começássemos a nos reestruturar?*

Sr. Matos: *Se fizermos isso, estaremos bem no ano que vem e prontos para enfrentar a concorrência! Mas essa parada hoje...*

Dª Vilma: *E o que nos impede de cooperar com os outros?*

Sr. Matos: *A nossa forma de pensar e a forma de pensar deles.*

Dª Vilma: *E se investirmos renovando tudo isso?*

Sr. Matos: *Interessante!*

## Subgrupo: Lugares Comuns e Ditados Populares

Muitas vezes, o que nos foi passado por outras pessoas está profundamente fixado em nós, e nem sempre no lugar certo.

Sr. Matos: *Estou exausto, mas quem pára, enferruja.*

Dª Vilma: *Quem disse isso e a quem isso se refere?*

Sr. Matos: *Meu pai sempre disse isso e eu acho que ele se referia àquelas pessoas que nunca se mexem para nada.*

Dª Vilma: *Ah, então deveríamos sair um pouco de nossas mesas de trabalho e ir andar um pouco.*

Sr. Matos: Não dá. Antes, precisamos resolver tudo aqui porque quem vem primeiro leva a melhor.
Dª Vilma: Quem diz isso e a quem se refere?
Sr. Matos: Sei lá. Não sei de onde tirei isso.
Dª Vilma: E, antigamente, quando não tinha muita comida, a mamãe sempre fazia o prato por último. Acho que isso não tem nada a ver com a nossa questão.
Sr. Matos: E daí?
Dª Vilma: Tudo leva o tempo que precisar porque quem ri por último ri melhor.
Sr. Matos: Isso não parece ser tão ruim assim.

## Grupo Principal: Construções e Suposições não Comprovadas

Isso realmente é assim?

Uma terapeuta e sua cliente conversam sobre os conflitos de relacionamento desta.

## Subgrupo: Ler Pensamentos ou Leitura Mental

Podemos fazer tantas suposições o quanto quisermos, mas quais delas resistem a uma comprovação?

Cliente: O Paulo não me aceita.
Terapeuta: E como você sabe disso?
Cliente: Ele sempre olha para baixo quando falo dos meus direitos em nossa relação.
Terapeuta: Você já abaixou os olhos quando alguém lhe comunicava seus direitos?
Cliente: Claro, porque fiquei constrangida e me senti criticada.
Terapeuta: Será que o Paulo também não sente algo assim?
Cliente: Isso não teria nada a ver com a aceitação, mas ele pensa demais na primeira mulher dele.
Terapeuta: E como você sabe disso?
Cliente: Ele me disse.
Terapeuta: E ele também disse que ele pensa demais nela?
Cliente: Não. Ele diz que só pensa nela de vez em quando para que não venha a cometer os mesmos erros dessa vez.
Terapeuta: Você acredita nele?
Cliente: Claro que não. Provavelmente ele sente falta dela.

*Terapeuta: E como você sabe que ele não prefere você?*

*Cliente: Porque eu o critico constantemente.*

*Terapeuta: É ele quem diz isso?*

*Cliente: Não, eu acho isso. Se eu estivesse com alguém que me criticasse tanto, eu sairia correndo.*

*Terapeuta: Ele é como você?*

*Cliente: Felizmente não. Senão eu já teria fugido.*

*Terapeuta: Você quer parar de criticá-lo tanto, fazer outra coisa?*

*Cliente: É por isso que estou aqui.*

*Terapeuta: Ah!*

## Subgrupo: Classificação de Significados

Classificamos significados muito mais rapidamente do que os comprovamos.

*Cliente: Eu acho covarde da parte dele ser tão retraído, mas também acho ruim criticá-lo por isso.*

*Terapeuta: E de onde você tirou a idéia de que uma coisa é covarde e a outra ruim?*

*Cliente: É que estou triste porque nada está dando certo.*

*Terapeuta: E o que deveria dar certo?*

*Cliente: Podermos ser totalmente honestos um com o outro.*

*Terapeuta: Então, as suas críticas não são totalmente honestas?*

*Cliente: É isso mesmo. Na verdade, eu o admiro muito.*

*Terapeuta: Por que você o admira?*

*Cliente: Porque ele agüenta tanta coisa.*

*Terapeuta: E o que significa isso?*

*Cliente: Eu acho que isso significa que eu sou muito importante para ele.*

*Terapeuta: Você consegue suportar ser muito importante para um homem?*

## Subgrupo: Causa – Conseqüência

Muitas vezes, o que imaginamos sobre os mecanismos da vida é muito unilateral.

*Cliente: Quando eu sou importante para alguém, perco a minha liberdade.*

*Terapeuta: E como a importância que você tem para outra pessoa pode roubar-lhe a liberdade?*

*Cliente: Porque essa pessoa vai esperar muito de mim e eu preciso corresponder a isso.*

*Terapeuta: O afeto por uma pessoa implica, automaticamente, querermos que ela nos dê muito?*

*Cliente: Meu pai sempre disse que ele me ama e que eu nunca poderia deixá-lo por causa disso.*

*Terapeuta: Será que a justificativa dele foi totalmente honesta e será que ele não deixou de dizer alguma coisa?*

*Cliente: Sim, que ele precisava de mim, senão estaria totalmente sozinho.*

*Terapeuta: Então, era esse o motivo para você abrir mão de sua liberdade e não o amor dele por você.*

*Cliente: Então, ser amado e alguém precisar de outra pessoa são coisas bem diferentes. Eu não vou colocar isso mais na mesma panela. Consigo lidar com as duas situações em separado, mas essa interligação automática que eu fazia antes me deixava louca.*

*Terapeuta: O seu namorado também precisa de você assim?*

*Cliente: Ele poderia ter muitas outras mulheres, até mesmo mulheres muito mais bonitas que eu. Não tenho a menor idéia porque ele gosta de mim... Ser amada sem haver alguma necessidade implicada nisso é algo novo para mim.*

*Terapeuta: E então, sente-se mais livre depois de descobrir algo novo?*

*Cliente: E como!*

## Subgrupo: Pressuposições

Quando pressupomos algo que vale a pena comprovar.

*Cliente: Se ele soubesse como ser honesto é difícil para mim, ele não tornaria as coisas tão difíceis.*

*Terapeuta: E como você sabe que ele não sabe?*

*Cliente: Ih... na verdade, isso foi apenas uma suposição.*

*Terapeuta: E ser honesta ainda continua sendo difícil para você?*

*Cliente: Depois dessa conversa parece ser muito mais fácil.*

*Terapeuta: Ele realmente dificulta as coisas para você?*

*Cliente: Na verdade, ele até facilitou as coisas segurando-se e me cedendo o tempo e o espaço de que eu precisava. De alguma forma, ele até conseguiu me entender.*

*Terapeuta: Desejo que você ainda tenha muitas experiências boas.*

**B:** Bem, estes foram os nossos exemplos de casos.

**A:** Para dizer a verdade, Bernardo, acompanhei os conteúdos dos diálogos, mas não prestei atenção nas perguntas que você quis mostrar.

**B:** Por isso vamos resumir as perguntas mais uma vez:

**Começamos com omissões** – eliciamos o que não foi dito.
*O quê? Quando? Onde? Com quê? Quando?*
*Quem? A quem? De quem? Com quem? Para quem?*
*Sobre o quê? De onde? Para quê? Para onde? De quê?*

**Omissões na comparação** – eliciamos o referencial comparativo.
*Em comparação a quê?*
*Mais? Melhor? Mais bonito? Mais valioso que o que/quem?*
*Em relação a quê?*

**Palavras referenciais não específicas** – eliciamos o que se quer dizer.
*O que exatamente? Quem exatamente? Quais exatamente?*
*O que você quer dizer com isso? Como você entende isso?*

**Verbos não específicos** – eliciamos o desenrolar exato.
*Como exatamente? Como acontece isso?*
*Como você vivencia isso?*
*De que forma?*
*O que exatamente você está fazendo? O que outros estão fazendo?*
*Como você faz isso?*

**Normalizações** – eliciamos o processo que se esconde por trás de um termo e tudo aquilo que este termo não conseguiu transmitir sobre esse processo.
*O que acontece (aqui os respectivos substantivos são transformados num verbo)?*
*De que forma acontece isso?*
*Para quê? Para quem?*
*Em que relação?*

**Termos universais** – queremos mostrar que a validade geral é relativa e encontrar exemplos contrários.
*Isso é sempre assim? Todos? Qualquer um?*
*E quando não é assim?*

**Impossibilidades e necessidades** – eliciamos o que está além dos limites aparentes.
*O que aconteceria se...?*
*O que impede você?*
*O que seria possível fazer em vez disso?*

**Lugares comuns e ditados populares** – são realmente empregados de forma racional?
   *Quem diz isso? Isso vale para quem?*
   *Isso também vale para você?*
   *Isso também poderia ser diferente?*
   *Quem se beneficia com isso?*

**Ler pensamentos** – queremos descobrir a origem de pressuposições sobre pessoas.
   *De onde você sabe disso?*
   *Como você reconhece isso?*
   *Isso também poderia significar outra coisa?*
   *Você perguntou?*
   *Às vezes você também reage assim?*
   *Você entende isso de outra forma consigo mesmo?*
   *Como você vivenciaria isso no lugar de outra pessoa?*

**Muitas vezes a origem está no passado.**
   *Essa pessoa faz você lembrar de quem?*
   *O que você vivenciou naquela ocasião?*

**Classificação de significados** – queremos tornar consciente a escolha da interpretação.
   *O que isso significa para você?*
   *Isso também poderia significar outra coisa?*
   *Quem determina o que isso significa?*
   *Como você chegou a esse significado?*
   *Uma coisa precisa corresponder à outra?*

**Causa – conseqüência** – queremos pesquisar como são vistas as dependências da vida.
   *De onde você tirou essa idéia? Como uma coisa pode ocasionar a outra?*
   *Como uma coisa depende da outra?*
   *Por favor, descreva detalhadamente como isso acontece.*
   *Onde há outras possibilidades?*
   *Há pessoas com as quais as coisas são diferentes?*
   *Isso também poderia ser diferente?*
   *O que precisaria acontecer para que as coisas fossem diferentes?*

**Pressuposições** – queremos descobrir onde está sendo construído em solo instável.

*Por que você acha que essa pressuposição está certa?*
*Isso é mesmo assim? Isso resiste a uma verificação?*
*Isso não era só válido antigamente? Hoje em dia não é bem diferente?*

**A:** Um resumo muito útil. Ainda bem que tenho tudo por escrito. Com essa gama de perguntas fico com o dilema da escolha. Cada frase me fornece diversas possibilidades de perguntar sobre isso ou aquilo. Quando vale a pena usar quais perguntas?

**B:** Num diálogo real, os nossos interlocutores não irão colocar as frases nessa ordem que acabamos de conhecer agora.

**A:** O melhor é sempre lembrar o que eu quero obter.

**B:** Quando fazemos perguntas, a confiança e o contato são pré-requisitos importantíssimos.

**A:** E intercalar as fases em que ouvimos e perguntamos também deve ser muito importante.

**B:** Não é imprescindível perguntar sobre cada frase, principalmente quando já está bem claro o que o seu interlocutor está querendo dizer. O respeito e a consideração pelo parceiro exigem isso. Na verdade, a capacidade de ouvir é muito importante porque não queremos interrogar ninguém nem queremos ser pretensiosos achando que tudo sabemos melhor, mas com esse conhecimento prévio podemos arriscar fazer perguntas que enriqueçam ambas as partes.

**A:** Existe uma seqüência para isso?

**B:** Aqui está:

Em geral, **o primeiro passo** é colher todas as informações de que você precisa para conseguir entender o seu parceiro. Essa coleta de informações inclui perguntas que indagam sobre a situação e o contexto em questão. Aqui, é útil imaginar que você seja uma jornalista que queira fazer um relatório detalhado sobre aquilo que aconteceu. Melhor ainda, uma produtora de cinema que queira colocar tudo isso num filme: o local, a hora, os participantes e tudo o que acontece entre eles.

**O segundo passo** consiste em descobrir o que o seu personagem principal da história vivencia, pensa e constrói internamente e como ele chega a isso.

É dessa maneira que, freqüentemente, entendemos porque a história decorre daquela forma. Ao longo de todo esse processo, o seu interlocutor certamente passará a saber mais sobre si mesmo, as suas vivências, sobre o que está acontecendo e também sobre os próprios pensamentos. Aqui, tudo aquilo que é falado em generalizações pode ser calcado em situações concretas e, com as vivências concretas, também volta a surgir a vida real por detrás das palavras.

**O terceiro passo** consiste em indagar mais intensamente sobre aquelas idéias do parceiro que o restringem em suas possibilidades de escolha na construção de sua vida e que fazem com que ele ande em círculos. Essa indagação consiste em descobrir como surgiram essas idéias dele e mostrar-lhe novas possibilidades para explorar e interpretar o mundo.

Já a idéia de que algo "poderia ser diferente" libera o potencial criativo e a percepção do presente. Descobrindo a origem de muitas idéias restritivas, estas podem ser compreendidas e trabalhadas dentro dos contextos aos quais se referem sendo transmitidas para novas situações sem reflexos de seu aspecto anterior. Isso tem muitas aplicações nas áreas de consultoria, treinamento e terapia.

E mais uma coisa: às vezes, uma pergunta acertada pode colocar tudo sob um outro prisma, mas geralmente são necessárias muitas perguntas e respostas até que se encontre a pergunta decisiva.

**A:** Onde eu também posso utilizar as perguntas do metamodelo?

**B:** Já falamos disso na primeira parte do livro: podemos utilizá-las no diálogo com outras pessoas e também em nosso próprio diálogo interno. Quando estamos conversando com nós mesmos, sempre vale a pena indagar. Quantos de meus conceitos intelectuais realmente têm pé e cabeça e quantos são puras generalizações ou fantasias? Que experiências estão por trás de meus pensamentos? Que novas possibilidades de escolha eu tenho, ao ver o mundo?

**A:** A seguinte pergunta também é importante: será que estou transmitindo alguma coisa para outras pessoas ou situações sem a devida comprovação?

**B:** Indagar também me ajuda a evitar manipulações. Certamente para muitos políticos, autoridades, comerciantes e especialistas de toda sorte seria bom passar por uma sessão de perguntas de tempos em tempos. Bons jornalistas sabem fazer isso muito bem.

**A:** Mesmo quando não obtemos uma resposta porque as palavras que captamos vêm da televisão ou do jornal, as perguntas nos protegem de simplesmente assimilarmos as coisas como elas nos são apresentadas.

**B:** Principalmente quando certas pessoas acham, pelos mais diversos motivos, que sabem o que é bom e certo para nós. Em coisas que dizem respeito a nós mesmos, geralmente, precisamos muito menos da resposta externa do que da nossa própria resposta que vem de dentro.

**A:** Então, perguntar como o metamodelo pode servir a diversos propósitos como trabalhar informações mais claras ou ocultas na linguagem ou questionar o que está sendo formulado?

**B:** Pesquisamos e resgatamos as experiências referenciais básicas em ambos os casos. Para o cliente, muitas vezes, é um grande passo à frente quando ele, em consulta, descobre novamente as suas próprias experiências referenciais perdidas na linguagem. Dessa forma, ele consegue reconhecer novos contextos e se desvencilhar de generalizações restritivas.

## 2 Ouvir, Calar e Valorizar

**A:** Quem pergunta e recebe respostas também deveria saber ouvir, não é? Saber ouvir faz muita diferença, não faz?

**B:** Ainda bem que você tocou nesse assunto, porque essa habilidade muitas vezes é simplesmente ignorada. Algumas pessoas perguntam tão rápido que nem mesmo esperam por uma resposta. Ouvir bem começa com a valorização da pessoa que está falando com você. Você precisa mostrar interesse naquilo que ela está querendo dizer-lhe. Além desses requisitos, a habilidade de ouvir outras pessoas também inclui a indagação que deve sempre acontecer quando não conseguimos entender alguma coisa. Repetir rapidamente o que você entendeu pode ser de grande ajuda e, assim, ambas as partes podem verificar como a mensagem foi recebida.

**A:** Então, você acha que devemos reproduzir, resumidamente, com nossas próprias palavras, o que acabamos de ouvir?

**B:** Exatamente como você fez agora, Ana. Ouvir de modo ativo significa sentir as palavras e a pessoa e mostrar isso para que o parceiro saiba que existe o contato e possa reconhecer o que o mesmo desencadeia. Isso inclui gestos, acenos e mímica, sinais visuais que mostram a participação. Estou vendo você acenar com a cabeça, Ana.

**A:** Com certeza também é importante ceder ao outro espaço e tempo suficientes para apresentar-se e expressar-se.

**B:** Só isso possibilita uma ligação que nos permite perceber e captar o que a outra pessoa não diz, talvez porque não tenha consciência disso. Talvez, também, haja coisas que uma pessoa não diz porque ainda não criou confiança suficiente ou porque os bons modos ou a timidez não permitem. Nesse caso, nem sempre é adequado indagar tudo e é exatamente essa sensibilidade que determina se uma pessoa é boa ouvinte.

**A:** E se eu não quiser ouvir uma pessoa porque ela me entedia ou porque eu quero fazer outra coisa?

**B:** Pela minha experiência só tem um remédio nesse caso: seja honesta e fale claramente que você não quer ouvi-la. Demonstre a sua própria imperfeição e suas outras necessidades para que a pessoa a entenda e, ao mesmo tempo, não se sinta ofendida. Decepcionar uma pessoa, às vezes, pode até mesmo ser importante para ela porque a ajuda a aprender mais em vez de receber tudo logo.

**A:** Às vezes, também é bom ambos simplesmente ficarem em silêncio.

**B:** Posso imaginar as situações nas quais você esteja pensando, mas isso são somente suposições. Tem uma música assim: "Meu modo de mostrar o amor é ficar calado, pois palavras no lugar errado destroem." E por mais banal que isso pareça ser, quando se trata de troca e profundidade emocional, o silêncio é melhor que qualquer explicação. Nós nos comunicamos através de diversos canais e quando o canal verbal se cala, ele dá espaço para que outros canais se mostrem.

**A:** Às vezes, também acontece bem o contrário quando falamos sem parar só para não termos que agüentar as conseqüências decorrentes do silêncio.

**B:** Evitamos experiências porque talvez não consigamos aceitar coisas bonitas ou não queremos evidenciar tensões e desavenças. Desconversamos e desviamos do assunto ou então, simplesmente, nos calamos.

**A:** O silêncio também pode ajudar-nos a manter distância enquanto trabalhamos alguma coisa internamente. Só se torna muito difícil quando o silêncio é usado como expressão de mágoa, castigo ou rejeição por parte de outra pessoa.

**B:** Essa é uma forma de se negar ao parceiro, mas, através desse meio, ele, infelizmente, não vai saber por que e por causa de que isto está acontecendo. Enquanto dura essa situação, nenhum dos dois tem meios de procurar novos caminhos ou esclarecer maus entendidos e, por isso, o último conflito continua crescendo internamente.

**A:** Dessa forma, expressamos avaliações e conferimos culpas. Por que será que nos julgamos com tanta freqüência na vida?

**B:** Conferir culpa e julgar os outros são um meio de mostrarmos as nossas necessidades sem deixar de parecer justos e bem comportados. Desde pequenos somos doutrinados a oprimir os nossos sentimentos e a classificar o mundo que nos cerca em bom e mau, certo e errado. Em vez de falarmos de nossa fragilidade e de nossos sentimentos ou desejos, preferimos comunicar aos outros que eles são bons ou maus, que estão certos ou errados ou que deveriam ser assim ou assado.

**A:** É, para mim foi um longo caminho aprender a falar de mim mesma ao invés de julgar outras pessoas. Esse caminho me tornou mais humilde e mais fácil de ser percebida. Hoje em dia, tenho mais facilidade de dizer que estou triste ou alegre, magoada ou zangada ou que desejo alguma coisa, do que tinha há alguns anos.

**B:** Eu que o diga. Na minha família, sempre tivemos que ser verdadeiros santos. Em hipótese alguma, podíamos ficar zangados e, mesmo assim, todos estavam sempre irritados e o dedo indicador apontado constantemente para nós era um símbolo padrão na família. Eu encontrei a liberdade quando, finalmente, pude ser agressivo e encontrar bons meios de expressar essa agressividade sem prejudicar os outros.

**A:** Durante anos, o rock viveu disso. Talvez uma próxima geração encontre os sentimentos delicados novamente.

**B:** Isso seria muito bom porque percebi, mais tarde, que por trás de sentimentos de ira e raiva, às vezes, se escondem outros sentimentos como fragilidade, insegurança e delicadeza que não combinam com a perfeição exigida e que, por isso, eu os rejeitava com veemência. Só quando consegui aceitar esses outros sentimentos internamente, eles passaram a ser fontes de crescimento.

**A:** O que eu posso fazer quando me sinto julgada e regulada por outras pessoas, mas, ao mesmo tempo, não quero me afastar delas?

**B:** Preste bem atenção e escute o que elas realmente sentem e procuram e, então, reaja de acordo. Fazer isso não é fácil, mas vale a pena. Outros também se transformarão.

Parte II - Troca e Mudança

## 3 A Ressignificação Criativa

**A:** Percebi que algumas perguntas, e também algumas respostas, desencadeiam importantes processos de aprendizagem em mim. Muitos contextos ganham um novo aspecto. Você pode me dizer mais sobre isso?

**B:** Com prazer. Essa é a introdução para um campo muito amplo que estuda como tornar possíveis novas e diferentes visões da vida: a arte da ressignificação. Quando olhamos nossas experiências de um outro ponto de vista, nossos sentimentos mudam e encontramos novas perspectivas e conhecimentos. Segue um exemplo:

**B:** *Cite alguma coisa com a qual você não esteja satisfeita em sua vida.*

**A:** *Muitas vezes sou petulante demais.*

**B:** Bem, dessa vez não quero saber mais detalhadamente como e quando isso acontece. Vou pedir que você olhe para essa característica a partir dos diversos pontos de vista que eu sugerir:

**B:** *Você não poderia estar escondendo uma importante boa intenção por trás de sua petulância, mesmo que essa não a agrade muito?*

**A:** *Sim, eu quero participar de forma viva e espontânea. São todas coisas legais e eu sou esperta, entendo rápido e não quero esperar eternamente. Tudo isso é positivo.*

**B:** *Bem, então vamos supor que o seu eu interior tenha essas boas intenções e, por isso, faça com que você, freqüentemente, seja petulante. Seria possível concretizar essa boa intenção de outra forma que não a petulância?*

**A:** *Não tenho a menor idéia.*

**B:** *Vou ajudá-la. Quando em sua vida, a petulância é especialmente importante e adequada?*

**A:** *Quando pessoas chatas não param de falar e me querem fazer de boba. Também era muito bom quando eu era uma menininha sapeca que tratava de agitar a minha turma na escola.*

**B:** *E quando a petulância não é tão boa assim?*

**A:** *Para uma mulher madura e bem vestida isso fica bem esquisito e, além do mais, quando nem sei de que estamos falando, quando petulantemente interrompo uma pessoa da qual gosto muito ou quando digo a alguém o que penso e o que ele ou ela deve fazer...*

**B:** *Então, existem situações de vida nas quais a petulância até pode ser boa e, outras, em que não é tão boa assim. De que dependem as coisas nessas outras condições?*

**A:** *De que eu também ceda espaço aos outros, de que eu fale somente depois de entender e que eu tenha paz interna. Eu não preciso mostrar como sou esperta, eu quero irradiar isso.*

**B:** *Então, a sua petulância seria substituída por isso que você irradia. Bem no seu íntimo, você tem conhecimento do que sabe e o que você vale?*

**A:** *Hoje em dia, com certeza, mas antigamente eu era muito insegura. A propósito, percebo que o meu eu interior está começando a aprender a determinar o que realmente é importante e acho que já não preciso mais ser petulante. Obrigada.*

**B:** Vamos resumir quais as perguntas ou mensagens que podemos usar para ajudar as pessoas a encontrar novos pontos de vista. Há alguns exemplos no diálogo acima:

**A primeira ressignificação:**

Por trás de seu comportamento esconde-se uma boa intenção. Colocado em pergunta: a nível consciente ou inconsciente o seu comportamento oculta uma boa intenção?

**A segunda ressignificação:**

Você pode concretizar a sua intenção por outros meios. Colocado em pergunta: Você consegue concretizar a sua intenção de outra forma? Você tem idéias criativas?

**A terceira ressignificação:**

Em certas situações de sua vida, o seu comportamento é ou foi racional e adequado, em outras, menos. Portanto, você só precisa usar esse comportamento no lugar certo. Perguntas: Quando e onde você aprendeu isso em sua vida? Quando e onde foi o melhor meio que você tinha à sua disposição? Hoje em dia, você consegue encontrar algo melhor para as áreas onde esse comportamento não se mostrou ideal? Você tem algo mais adequado à disposição?

**A:** Essa é uma ajuda preciosa. Vamos falar de um tema seu agora.

**B:** *Eu sou careca e, por isso, não sou atrativo.*

**A:** *A sua careca não o torna menos atrativo para mim; ao contrário, ela o torna muito interessante e másculo. Também lhe dá um ar de honestidade porque você a exibe abertamente, como o Yul Brunner que nunca quis esconder a careca. E tudo isso faz com que as mulheres gostem de ficar perto de você.*

**B:** Oh!

**A:** *Porque elas vêem em você um príncipe encantado que vale a pena beijar.*

**B:** Você está falando sério?

**A:** Olha para mim!

**B:** Essa coisa do olhar é um claro indicativo de que não são somente as palavras que garantem que uma mensagem chegue ao seu destino. O contexto no qual são ditas é, igualmente, importante, porque o modo como são ditas e a sua autenticidade determinam como são recebidas.

**A:** Você percebeu que eu também utilizei novas formas de ressignificação? Podemos acrescentá-las às outras relacionadas mais acima:

**A quarta ressignificação:**

O acontecimento tem um significado bem diferente e positivo. A pergunta: Isso não poderia significar algo de bom?

**A quinta ressignificação:**

Os fatos têm conseqüências positivas. A pergunta: o que, através disso, se torna possível para você agora e mais tarde em sua vida?

**B:** Agora, temos cinco caminhos clássicos que nos levam a ver alguma coisa de forma diferente: a boa intenção por trás das coisas, descobrir novos caminhos, reconhecer contextos adequados e inadequados, encontrar novos e positivos significados, descobrir causas positivas.

**A:** Eu me sinto mais fortemente tocada por algo assim quando eu mesma sou o tema, quando se trata de minha identidade e de meu envolvimento e quando estes, de repente, são colocados sob um novo prisma. Acho que trabalhar problemas de saúde emocionalmente é uma outra área na qual a ressignificação pode ajudar muito.

**B:** Há muitos livros que indagam as razões psíquicas que se escondem por trás das doenças e apresentam respostas diferentes para as mesmas. A respostas mais importantes são sempre aquelas que vêm do seu interior.

**A:** Estou começando a desconfiar de minha enxaqueca. Ela sempre vem quando estou sentada em um determinado departamento. Ela está querendo me proteger de alguma coisa.

**B:** De quê?

**A:** Por enquanto, isso é problema meu, mas estou tomando coragem para atacar a coisa abertamente e talvez eu não precise mais da enxaqueca depois disso.

**A:** Existem outras afirmativas e perguntas que modificam pontos de vista?

**B:** Podemos combinar todas as que temos até agora e acrescentar muitas outras.

## A Linguagem da Mudança

**A:** Pense mais uma vez na sua careca, Bernardo, e deixe as minhas palavras agirem internamente. Não diga nada.
*Olhe para você com os olhos de outra pessoa, de uma pessoa que o ama.*
*Como alguém que você admira lidaria com isso?*
*Como você vai avaliar essa dificuldade em dez anos, depois de ter dado importantes passos em sua vida?*
*Talvez algo muito diferente seja importante para você nesse tema...*

**B:** A sua primeira frase já mudou tudo em mim. Não consegui assimilar e trabalhar as outras com tanta rapidez.

**A:** Eu percebi, mas foi tão legal ficar observando-o que não conseguir segurar-me. Eu acho que, na prática, não precisamos de várias mensagens de ressignificação, basta uma que realmente seja adequada.

**B:** Principalmente quando se trata da mensagem certa. Mas, aqui, queremos mostrar aos nossos leitores o maior número possível dessas mensagens variadas.

**A:** Você ainda conhece outras ressignificações? Eu tenho mais um tema a ser abordado: sempre fico sem saber o que fazer ou dizer quando alguém me censura por não ser suficientemente pontual, organizada ou respeitosa.

**B:** *Vamos tentar, mas com os papéis invertidos porque assim você fica na posição de poder atacar-me.*

**A:** *Finalmente um papel novo.*

**A:** *Bernardo, você é muito bagunceiro. Assim não dá. Você precisa ser mais ordeiro e desempenhar as suas tarefas melhor.*

**B:** *Então, você mesma é o referencial daquilo que quer melhorar em mim?*

**A:** *Claro, eu sou perfeita.*

**B:** *Então você sempre é perfeita e eu sou desorganizado?*

**A:** *Não é fácil permanecer nesse papel: claro que isso sempre é assim.*

**B:** *Não existe nenhum exemplo contrário? A sua acusação também não está um pouco desorganizada?*

**A:** *Sabe de uma coisa, às vezes é bom ser rebelde.*

**B:** *Concordo.*

**A:** Eu acho que nós sempre usamos a censura quando outras pessoas fazem alguma coisa que nós ainda não nos permitimos fazer.

**B:** Pode ser. Em geral, a censura muda pouca coisa numa pessoa. Ela se sente bastante desconfortável, mas continua fazendo o mesmo.

**A:** Se eu realmente não quero permitir alguma coisa, agir e arcar com as conseqüências é um caminho muito melhor do que uma reprimenda.

**B:** E prevenir é melhor que remediar: é bom esclarecer de antemão o que é importante para cada lado, o que cada qual espera e o que os envolvidos têm condições de fazer.

**A:** Não faz sentido repreender os outros por não serem assim como eu. Se eu torno minha vida feliz e repleta, não preciso disso.

**B:** E tudo que falamos agora são formas de ressignificação.

**A:** Existem outras?

**B:** Em diversas áreas da vida nas quais tratamos do desenvolvimento pessoal e dos reflexos conscientes das próprias experiências, muitas vezes, são utilizadas as seguintes formas:

*Ele: A quarta mulher acaba de me abandonar.*
*Ela: E o que isso lhe diz?*
*Ele: Que eu não sei lidar com mulheres.*
*Ela: O que você pode aprender com isso?*
*Ele: Não sei, mas por enquanto vou ter que fazer tudo sozinho.*
*Ela: E o que isso faz com você?*
*Ele: Eu vou ficar independente.*
*Ela: Talvez esteja na hora de ficar independente!*

**B:** Você pode perceber que muitas das perguntas do metamodelo aparecem novamente na ressignificação.

**A:** Podemos colocar certas perguntas e mensagens em seqüência? Por exemplo...

*Qual é a sua boa intenção?*
*Que outra boa intenção se esconde atrás da boa intenção?*
*Que outra boa intenção se esconde atrás da boa intenção? Etc.*

**B:** Perguntar assim muitas vezes leva a uma compreensão mais aprofundada, mas requer confiança e sinceridade. Segue um outro exemplo:

*Qual a conseqüência disso?*
*O que se torna possível através disso?*
*Que conseqüências isso pode ter?*

**A:** Você confia em mim, Bernardo?

**B:** Sim.

**A:** Então, vamos falar sobre algo bem banal, mas alguma coisa que você queira muito.

**B:** *Eu quero um computador novo.*

**A:** *Que possibilidades um computador irá trazer-lhe?*

**B:** *Posso usar programas muito complexos e muito rápidos.*

**A:** *E o que há de bom nisso?*

**B:** *Isso me dá liberdade intelectual e me permite uma visão geral mais ampla de forma que eu possa representar os meus pensamentos em novas dimensões.*

**A:** *E o que isso possibilita?*

**B:** *Assim, terei uma visão geral de minha vida e uma estrutura da mesma.*

**A:** *E como isso o beneficiaria?*

**B:** *Com um rumo e uma orientação em minha vida eu teria mais facilidade de tomar as decisões certas.*

**A:** *E se isso se tornasse possível para você?*

**B:** *Então eu ficaria mais autoconfiante.*

**A:** *E depois?*

**B:** *Eu saberia que posso confiar em meus sentimentos.*

**A:** *Talvez você já possa confiar no seu conhecimento interno agora.*

**B:** *Isso seria o melhor presente para mim.*

**A:** *Você pode receber este presente de graça. De você mesmo...*

**B:** Que loucura. Esse é exatamente o caminho contrário àquele mostrado pela propaganda. Aquilo que eu realmente quero não depende do consumo e, assim, ainda economizo dinheiro.

**A:** Outro dia vi a seguinte frase: você nunca se satisfaz com aquilo que na verdade você não quer. Isso quer dizer que na falta da verdadeira satisfação você até mesmo fica dependente de alguma coisa, além de sempre tentar novamente.

**B:** Por isso, preciso saber o que realmente quero para depois poder permitir-me realizar isso de uma forma muito mais simples.

## 4 O Modelo Retórico

**A:** Agora, vamos resumir as diferentes possibilidades da ressignificação e demonstrá-las em um exemplo.

**B:** Acho melhor utilizar as formas de ressignificação conhecidas na ordem em que as apresentamos acrescentando outras que também são muito importantes. Em conjunto, elas resultam em um modelo muito útil para a retórica lingüística e a discussão dialética: vamos chamá-lo de modelo da fonética dos sentidos. Para mim, isso quer dizer "jogo com sentido". Esse modelo também inclui uma coletânea de modelos de linguagem chamados de "modelos *sleight of mouth*", o que quer dizer algo parecido com "capacidade de deslizar a língua".

**A:** Minha colaboração é a frase afirmativa a partir da qual vamos mostrar os modelos de linguagem.

**B:** Essa afirmativa poderia ser uma convicção restritiva que vale a pena modificar através de uma ressignificação.

**A:** Conheço uma frase desse tipo: "À medida que envelheço vou ficando mais doente e fraca." Essa não é exatamente a minha própria convicção, mas fico triste quando outras pessoas pensam assim e sofrem com isso.

**B:** O primeiro passo é conhecer melhor a pessoa que nos passou essa mensagem e descobrir a partir de que contexto ela chegou a essa afirmativa e qual a sua intenção. Podem ser necessárias diversas perguntas sensíveis, respostas e mais perguntas ainda.

**A:** Então, trata-se de um processo de esclarecimento e entendimento que nos ajuda a fornecer as respostas certas?

**B:** Sim, essa é uma condição, mas agora vamos concentrar-nos nas possibilidades de escolha de respostas que temos para uma afirmativa dessas depois que a entendemos. Só depois de termos entendido as implicações individuais escondidas numa afirmativa dessas é que temos condições de escolher, entre muitas, a resposta que realmente pode ajudar e enriquecer o nosso parceiro.

**A:** Podemos, também, não dizer nada e só demonstrarmos a nossa solidariedade.

**B:** Precisamos encontrar mensagens diferentes para cada pessoa que faça essa afirmação. Essas mensagens também podem ser transmitidas em forma de perguntas.

**A:** Tendo plena consciência dessas condições. Eu gostaria de saber quais as possibilidades de respostas e ressignificações que tenho à minha disposição. Partimos mais uma vez daquela convicção que restringe a vida de tantas pessoas:

Com o avançar da idade, fico mais fraco e mais doente.

**A primeira ressignificação:**
Queremos explorar a boa intenção ou a causa dessa afirmativa.
- Você deve estar dizendo isso porque você está querendo cuidar melhor de sua saúde a partir de agora.
- Talvez você esteja sentindo isso dessa forma porque está se sentindo sobrecarregada e quer que eu a apóie?

**A segunda ressignificação:**
Mostrar meios alternativos e caminhos para a boa intenção.
- Você tem razão de querer deixar levar-se pela vida e aproveitá-la agora, mesmo estando forte e saudável e continuando assim.
- Pode ser que você esteja ficando mais saudável e mais forte nessa idade porque conseguiu livrar-se de muitos dos bloqueios e das cargas de antigamente.
- Hoje em dia, há muitas possibilidades de nos mantermos saudáveis até uma idade muito avançada.

**A terceira ressignificação:**
Descobrir em que situações de vida, isto é, sob quais condições, esta afirmativa faz sentido e em quais não faz sentido. Contextualizar.
- Isso é correto quando queremos poupar-nos e reivindicamos apoio. Depois de obter esse apoio, a idade mais avançada permite explorarmos muitas partes de nossa personalidade que antes ficaram meio esquecidas, além de conseguirmos atender a diversas necessidades que vínhamos tendo. Isso cria novas forças e leva a um equilíbrio interno.
- Isso é válido para algumas pessoas e para outras não. Há muita coisa que você mesmo pode fazer para mudar os acontecimentos para si mesmo e para os outros.
- Na idade muito avançada, já ao final da vida, isso pode ser assim, mas antes vêm muitos anos repletos de realizações e saúde que dão um sentido bem diferente à vida.

**A quarta ressignificação:**
O que é dito tem um outro sentido.
- Ficar mais velho não significa que você esteja ficando mais fraco e mais doente, e sim que você está mais maduro e tranqüilo e, naturalmente, mais sensível em relação à vida. É bem possível que o mecanismo de um relógio

mais sensível e delicado requeira mais cuidados, mas um organismo sensível e experiente capta as sutilezas da vida melhor.
- Envelhecer também significa ocupar um novo lugar na vida, deixar a correria para os mais jovens e encontrar a paz interna.

**A quinta ressignificação:**
Observar possíveis conseqüências do que foi dito.
- Finalmente, o Estado irá devolver-lhe o que você pagou tantos anos.
- Assim, você fica livre do estresse do dia-a-dia, fica tranqüilo com a sua família e participa da vida de uma outra forma.
- Isso mostra que a vida não é infinita e que virá a hora de separar o que é importante daquilo que não é e completar a nossa própria trajetória.
- Com isso, após o orgulho da juventude, você aprende a ser humilde diante de cada dia de sua vida que é um presente do Criador.
- Pode ser que somente o seu pessimismo já faça com que você se sinta mais fraco e mais doente nessa idade, uma vez que convicções influenciam fortemente o desenvolvimento. De outro lado, a fé age beneficamente sobre a saúde e a vida da pessoa idosa.

**A sexta ressignificação:**
Existem exemplos contrários e a afirmativa não é genérica.
- Conheço muitas pessoas idosas que estão cheias de saúde e vontade de fazer as coisas.
- Até uma idade muito avançada, Madre Teresa tirava jovens fracos e doentes das ruas e os curava com a sua energia.

**A sétima ressignificação:**
Trata-se de outra coisa ou outra coisa é mais importante.
- Não se trata do que o envelhecer faz com você e, sim, o que você já está fazendo hoje para que possa ter uma velhice feliz e saudável.
- Não se trata da idade externa, mas da idade interna. Saúde e força não dependem da idade, mas da maneira como lidamos com nós mesmos e se estamos ligados a outras pessoas através do amor.
- Não se trata de quando e como somos saudáveis e fortes, mas se nós mesmos conseguimos aceitar-nos com tudo aquilo que nos acontece continuando a crescer e aprendendo a cada nova experiência.

**A oitava ressignificação:**
Especificar a afirmativa.
- Que funções do seu organismo estão fracas e afetadas em sua opinião? Como você poderia fortalecê-las?
- Que funções de seu corpo estão mais eficientes e equilibradas agora que você está com mais idade?
- A partir de que idade você acha que a pessoa deve fazer alguma coisa para a velhice?
- Em que ano, exatamente, surgem quais fraquezas no ser humano?

**A nona ressignificação:**
Tirar conclusões positivas a partir da afirmação.
- Sendo assim, como você poderia preparar-se para isso?
- Como posso ajudá-lo?

**A décima ressignificação:**
Compreensão e Doação.
- Eu entendo muito bem.
- Você vivenciou isso agora e posso imaginar que não esteja sendo fácil para você, mas nós o amamos muito, até mais do que antes.
- Agradecemos tudo o que você fez por nós.

**A décima primeira ressignificação:**
Generalização e também exagero.
- Isso é sempre assim?
- Então, todas as pessoas idosas teriam que ser cuidadas sempre, os netos nunca poderiam brincar com os avós e quase todos os políticos deveriam estar internados em hospitais.
- Então, só recém-nascidos ainda estariam fortes e todas as outras pessoas estariam em franca decadência.
- Quem vive também se modifica!
- Então, ficamos doentes e fracos à medida que vivemos a nossa vida?

**A décima segunda ressignificação:**
- A utilização de uma parábola.
- As árvores, o vinho e a paisagem ficam cada vez mais preciosos e únicos à medida que envelhecem.

- As raízes de ginseng mais velhas cresceram durante mais de mil anos. Elas são preciosas, curam e não têm preço. As raízes jovens, tiradas dos canteiros de viveiros, podem ser compradas por alguns vinténs.

**A décima terceira ressignificação:**
Indagar sobre a origem da convicção.
- Como você chegou nesse contexto? A ciência descobriu que as pessoas que estão na faixa etária entre os 35 e os 45 anos são as que mais precisam de auxílio médico e psiquiátrico.
- Quem lhe disse isso? Isso é válido para quem? Todos?
- Muitas pessoas idosas de hoje têm convicções bem diferentes e reconhecem outros contextos. Essa área de pesquisa é a Geriatria.

**A décima quarta ressignificação:**
Aplicar a afirmativa em relação a ela mesma ou em relação à pessoa endereçada.
- Essa convicção é muito antiga e, por isso, está ultrapassada e não corresponde mais à realidade. Ela cai por tabela por causa de muitas experiências e idéias novas que a substituem.
- Você também já não é mais tão novo assim, mas eu nunca o vi tão em forma como agora, não é?

**A décima quinta ressignificação:**
Tomar uma posição mais geral em relação à percepção.
- Todo ir e vir é um ciclo em uma grande espiral da vida. Cada coisa tem a sua hora e o seu tempo. Quando acontece uma coisa em um nível, você irá vivenciar o contrário em outro: fraqueza física e paz de espírito; perder uma coisa, mas ganhar outra.
- É bom saber que existem outras pessoas que dão continuidade às coisas e, com isso, permitem que você tenha liberdade e tranqüilidade.

**A décima sexta ressignificação:**
Redefinir algumas palavras da frase de modo que haja um sentido novo.
- Eu definiria isso de outra forma: ao amadurecer, ficamos mais calmos e sensíveis.
- Durante a nossa vida, ficamos mais experientes e sensíveis.

**A décima sétima ressignificação:**
Repetir a frase em forma de pergunta utilizando uma pontuação diferente ou acrescentando palavras soltas.
- Você fica mais fraco e mais doente à medida que envelhece?

- Não, com o avançar da idade, você passa a ser mais você! E isso quer dizer que, certamente, não fica mais fraco e mais doente.

**A décima oitava ressignificação:**
Ponderação lógica e questionamento da afirmação.
- Então, isso quer dizer que quando uma criança passa do jardim de infância para a classe de alfabetização ela fica mais fraca e mais doente?
- Então, quando uma pessoa se aposenta ela fica mais fraca e mais doente?

**A décima nona ressignificação:**
Questionar a validade do que é afirmado na frase através de condições ou palavras restritivas.
- Isso, se realmente for válido, só se aplica a partir dos 90 anos.
- Às vezes, isso é assim e outras vezes é diferente.
- Quando as pessoas vivem em harmonia com elas mesmas e com a natureza, mantêm-se saudáveis até uma idade bem avançada, mesmo que fiquem mais fracas na fase final de suas vidas.
- O que você está dizendo refere-se à idade interior e não à idade calculada em número de anos. Quem permanece jovem internamente também tem condições de se manter jovem no corpo e no espírito.

**A vigésima ressignificação:**
Colocar-se na posição de outra pessoa ou em outra situação ou época.
- Quantas vezes você, quando jovem, recebeu ajuda e compreensão, coragem e energia de pessoas mais idosas? E essas pessoas deviam ser consideradas mais doentes e mais fracas?
- Como mãe, o que você falaria aos seus filhos jovens sobre o envelhecimento das pessoas?

**A vigésima primeira ressignificação:**
Manter a afirmação, mas acrescentar uma outra a ela.
- Pode ser assim, mas em compensação as pessoas mais idosas muitas vezes vivenciam coisas às quais não tinham acesso em sua juventude ou, então, terminam o que começaram e não tinham conseguido terminar no passado. Dessa forma, os idosos aproveitam de modo muito mais livre e consciente os frutos de sua vida.

**A:** Percebo agora que, através de suas palavras, descobri novos aspectos do envelhecimento. Algumas ressignificações me tocaram menos enquanto outras me sensibilizaram muito.

**B:** A questão realmente é encontrar a afirmativa certa para cada indivíduo.

**A:** E isso exige muita sensibilidade e bom senso.

**B:** Com sensibilidade e bom senso, podemos utilizar a ressignificação de forma construtiva para apoiar as pessoas, mas sem isso podemos ser muito indelicados em nossa tentativa de ressignificação e até mesmo perder bons amigos.

**A:** Acho que também poderíamos utilizar todas essas formas numa discussão.

**B:** Poderíamos fazer bem à outra pessoa ou ofendê-la e é por isso que o valor desses modelos de linguagem está no coração e na maturidade de quem os usa. Ao olhar para cada um desses modelos de linguagem, reconhecemos que, na verdade, qualquer afirmativa é relativa e que os conceitos "verdadeiro" e "falso" dependem totalmente de quem percebe algo e de que ponto de vista. Por isso, conceitos como "estimular a vida" e "restringir a vida" são muito mais importantes do que a verdade em si. Quando não se trata de sua relativa verdade, reconhecemos que determinadas convicções somente se encaixam numa única escala: o que fomenta a vida? Que tipo de pensamento torna possível o quê?

**A:** Fanáticos religiosos e pessoas que se consideram donas da verdade têm dificuldade de aceitar esse tipo de idéia. Essas pessoas somente aceitam seu próprio ponto de vista.

**B:** E isso, à primeira vista, não lhes traz benefício. Algumas pessoas conhecem bem a condição de relatividade de afirmações feitas pelas pessoas, mas justamente usam as mesmas contra os seus rivais.

**A:** Uma boa briga pode ser muito enriquecedora para todas as partes envolvidas.

**B:** Mas quando se trata de um jogo de poder e de somente uma parte querer estar com a razão e defender isso a todo custo, negamos um importante princípio: a outra parte também está com a razão, só que ela parte de um outro ponto de vista.

**A:** Uma pessoa somente toma posição quando tem alguma intenção, mesmo que esta não se evidencie em suas palavras.

**B:** E também quando a intenção não é alcançada por meio desse caminho.

**A:** Mas só quando reconhecemos a intenção básica da pessoa e talvez também a sua necessidade, sensibilizamo-nos com ela e temos uma chance de encontrarmos as palavras certas.

**B:** Isso também é válido na competição: o jogador de xadrez esperto sabe que o seu adversário é um parceiro de jogo e que ambos devem aprender e crescer durante cada jogo para que o próximo fique mais interessante ainda.

**A:** Os antigos romanos também sabiam utilizar todas essas ressignificações em suas discussões dialéticas no Senado e em seus discursos. Afinal de contas, aprendemos as ressignificações com eles.

**B:** Na luta pelo poder, na competição, na política e nas ideologias essa ressignificação, muitas vezes, é usada sem o devido respeito. Veja, por exemplo, como políticos falam de seus adversários. Rapidamente, são encontradas intenções negativas e criados significados e conseqüências negativos.

**A:** Eu voto naqueles que agem de modo decente em relação aos seus adversários, honrando as qualidades dos mesmos e aprendendo com eles, porque estes realmente têm capacidade de cooperar e, portanto, estão mais bem preparados para enfrentar as tarefas de nosso tempo que aqueles que só sabem colocar limites.

**B:** Vamos ouvir um discurso escrito pelo consultor de empresas alemão Manfred Bohn depois de ter aprendido esses modelos de linguagem num seminário numa época em que o tema da rejeição dos estrangeiros estava em alta na Alemanha. Aqui, também não se trata de nada mais, nada menos que outros e novos pontos de vista.

Vou comentar as diversas categorias utilizadas logo após cada parágrafo.

## Aos Jovens da Cidade de Colônia!

*...e Colônia está em toda parte e, portanto: à geração mais nova!*

*"Se deixarmos estrangeiros entrar em nosso país, ficaremos cada vez pior," – Se deixarmos bávaros entrarem em nosso estado, vamos ficar pior ainda e, se deixarmos o pessoal de Hessen entrar em nosso estado, tudo vai ficar muito, muito pior ainda. Deixem os saxões entrarem em nosso estado e as coisas ficarão realmente ruins.*

(Generalização e exagero, a continuação lógica da afirmativa.)

*Tudo vai ser diferente. Vamos ter mais trabalho através de novas idéias, da criatividade e de necessidades complementares. Se não impedíssemos isso, provavelmente teríamos que aumentar o número de empregos para atender ao aumento de demanda que pode vir a surgir com cada novo visitante ou morador. Teríamos que modificar moradias e construir outras para atender à demanda de famílias maiores. Também teríamos que construir mais jardins de infância e escolas para poder educar e formar mais pessoas. Se deixarmos outras pessoas virem aqui, poderíamos passar a ter mais empregos em tempo integral, novas reivindicações e, possivelmente, todos estariam mais satisfeitos.*

(Redefinição da palavra "pior" para "diferente" e exemplos de conseqüências positivas.)

*Mas como era antigamente, na época dos romanos? Naquela época, também houve mudanças enormes. Eles não vinham com intenções pacíficas, mas tinham por objetivo nos conquistar e, a partir dessa intenção, foram desenvolvidas coisas que podemos observar hoje ainda. Se vocês fizerem uma visita ao museu romano-germânico que fica logo ali à direita, poderão ver os vestígios da cultura, do progresso e das artes. Apesar da intenção clara que houve na época, aconteceram mudanças que nos beneficiam até hoje. Ficamos mais ricos.*

(Apresentação de um exemplo contrário histórico.)

*Alguns de vocês nasceram aqui nessa cidade, outros nasceram no Norte ou no Sul do país. De onde vieram os seus antepassados há cem, mil ou até mesmo dois mil anos? Eram alemães? Germanos? Estrangeiros? Como é a família de vocês? De onde vêm os bebês? Aonde vamos chegar se deixarmos recém-nascidos nas casas de casais (e, portanto, na Terra)? (As cegonhas serão punidas a partir de agora!)*

(Aplicar a afirmação nas pessoas às quais estamos nos dirigindo e aos seus antepassados. Ponderação lógica que questiona a afirmação.)

*Como era na casa de vocês quando seus pais e mães resolveram admiti-los, deixar vocês entrarem em suas vidas? Hoje em dia vocês voluntariamente abririam mão de seus pais e irmãos? Qual de vocês já não esteve no exterior ou se hospedou em casa de pessoas desconhecidas e agora se lembra da hospitalidade com que foi recebido? Talvez vocês tenham encontrado condições muito mais difíceis que as daqui. E vocês também já não fizeram amigos no exterior, no intercâmbio ou em algum encontro casual?*

(Colocar-se no lugar de outras pessoas e situações.)

*Jovens de Colônia, admitam a diversidade, a liberdade e a renovação como símbolos da juventude intelectual. Admitam mudanças em suas idéias porque elas representam a sua liberdade pessoal.*

(Apresentação do significado positivo da mudança e dos caminhos alternativos.)

*Como vocês se sentem quando estão sozinhos em algum lugar ou alguma cidade?*

## A Linguagem da Mudança

*Vocês conseguem imaginar como seria estar sozinho numa selva, num deserto ou em Nova Iorque? E, por favor, imaginem se vocês estivessem aqui como estranhos, nessa cidade estranha, entre estranhos.*

(Colocar-se no lugar de outras pessoas e situações.)

*Se rejeitarmos o que há de mais precioso nos outros, a sua condição de seres humanos, ficaremos pobres e se quisermos, realmente, rejeitá-los de um modo conseqüente, então sejamos conseqüentes de fato. Nesse caso, não poderia mais haver carros estrangeiros em nossas ruas, não poderíamos ter amigos em outros países e não poderíamos mais usar roupas que não fossem fabricadas exclusivamente aqui. O algodão usado em nossas camisas e blusas deveria ser produzido aqui em Colônia para que seja nativo. Será que o algodão também poderia vir da região do Reno? Ou que pelo menos tivesse origem alemã, ou pelo menos européia ou será que também poderia vir da Índia ou da América do Sul?*

(Apresentação das conseqüências negativas da afirmação e ponderação lógica que questiona a mesma.)

*Rejeitar o estrangeiro significa empobrecer.*

(Conferir um outro sentido que aqui é negativo.)

*Quem aqui nunca antes esteve em um outro país? Qual de vocês só comeu queijo alemão até agora? Tudo seria muito menor sem o estrangeiro. Tudo é muito maior quando temos diversidade e outras coisas.*

(Aplicar o exemplo às pessoas as quais nos dirigimos, generalizar.)

*Para nós, os estrangeiros não são um pouco daquilo que foram os cristãos para Nero e os judeus para Hitler? De que temos medo? De nós mesmos?*

(Parábola, tocar uma intenção positiva inconsciente: evitar o medo.)

*Talvez vocês consigam entender que a força para a existência de vocês vem da mudança, falando no bom sentido e valendo para todos. Tenham consciência de serem cidadãos de Colônia, da Alemanha, da Europa, do Mundo.*

(Conseqüências positivas e caminhos alternativos.)

*Foi feito o começo. Sistemas políticos que endureceram durante décadas cederam. Acontecem mudanças, muitas vezes com dificuldades, obstáculos e problemas, mas elas também possibilitam novas perspectivas. Olhem para o estrangeiro! Vejam, ouçam, procurem e sintam o estrangeiro porque então isso passa a ser um costume e uma parte de vocês.*

(Apresentação de caminhos alternativos com conseqüências positivas.)

*Participar significa ser jovem e vocês representam a juventude hoje. Marco Antonio descreveu a condição de ser jovem (há aproximadamente dois mil anos) da seguinte forma:*

(Significados da condição de ser jovem. Aplicação aos ouvintes.)

*A juventude não marca uma fase da vida, mas uma postura espiritual; ela é a expressão da vontade, da força da imaginação e da intensidade emocional. Ela é a vitória da coragem sobre a falta de coragem e a vitória da vontade de se aventurar sobre a tendência comodista.*

*Não ficamos velhos por ter vivido um certo número de anos, ficamos velhos quando desistimos de nossos ideais. Os anos marcam a pele, desistir de ideais marca a alma. Preconceitos, dúvidas, temores e falta de esperança são inimigos que nos esmagam contra a terra e que nos transformam em pó antes da morte.*

*Jovem é aquele que ainda sabe admirar-se e entusiasmar-se, aquele que pergunta tal qual uma criança insaciável: e agora? Jovem é aquele que desafia os acontecimentos e se alegra com o jogo da vida.*

*Vocês são tão jovens quanto a sua fé e tão velhos quanto as suas dúvidas, tão jovens quanto a sua autoconfiança e esperança e tão velhos quanto o seu desânimo.*

*Vocês permanecerão jovens enquanto forem receptivos, receptivos para o que é belo, bom e grande, receptivos para as mensagens da natureza, das pessoas e do incompreensível. Que Deus tenha piedade de suas almas, almas de anciãos, se um dia os corações de vocês forem marcados pelo pessimismo e corroídos pelo cinismo. Por isso, sejam jovens e permitam a diversidade e certamente permanecerão jovens.*

(Essa última parte não interrompi por uma boa razão. Ao lado de caminhos alternativos, significados positivos e ponderações sobre conseqüências, entra um posicionamento perceptivo novo e mais generalizado enquanto também são feitas generalizações positivas.)

**A:** Trata-se de um discurso bem interessante. Eu nunca cheguei a ver certos aspectos apresentados desse ponto de vista. Sobre outros ainda preciso pensar um pouco.

**B:** É claro que este tema não está fechado e respondido somente com estas palavras. Com certeza, ainda há muitos outros problemas difíceis que precisam ser resolvidos, mas talvez estes possam ser solucionados através de uma nova postura interna.

## A Linguagem da Mudança

**A:** Afinal de contas, palavras e pontos de vista servem para capacitar as pessoas a governarem as suas vidas.

**B:** Como indivíduos e como seres sociais.

**A:** Eu ainda estou confusa quanto às categorias. Parece-me que algumas coisas cabem em mais de uma categoria.

**B:** Você tem razão. Algumas categorias realmente se cruzam apesar de cada uma delas ter a sua própria especialidade, mas não é tão importante classificar tudo tão detalhadamente. O importante é adquirir uma gama de possibilidades no campo do movimento lingüístico. O nome das mesmas só interessa mesmo aos lingüistas.

**A:** Algumas possibilidades de ressignificação certamente entrarão em meu repertório e irão ajudar-me a defender aquilo que considero ser certo e importante perante outras pessoas.

**B:** Vamos resumir: Explicamos como podemos ampliar o mundo de experiências de outras pessoas estimulando novos pontos de vista e encontrando novos significados.

**A:** E também nos conscientizamos quanto às ferramentas lingüísticas usadas por manipuladores, sedutores e "donos da verdade" de todos os tipos.

**B:** Esse conhecimento torna possível nos protegermos desse tipo de pessoa e representar e defender uma visão própria das coisas.

**A:** Quando sabemos que são possíveis muitos pontos de vista em relação ao mundo, é uma tarefa bonita e pacificadora não ver os outros como adversários, mas como parceiros que nos completam na tarefa gratificante de descrever a vida. Dessa forma, saímos do "ou um ou outro" para o "tanto um quanto outro" do pensamento.

**B:** Na verdade, não se trata de contradizer uma pessoa que tem outra opinião, mas de ampliar a nossa consciência por meio de novas idéias. Ao examinar afirmações quanto à sua função e área de validade, elas perdem o seu caráter absoluto e começam a ser uma parte preciosa e afável de nossa experiência como acontece com o tesouro de experiências das culturas e religiões que refletem diversas facetas da humanidade. Todas as facetas têm o potencial de se completarem formando um todo e transformar esse potencial em realidade está nas nossas mãos.

**A:** Isso também quer dizer que Deus existe e ao mesmo tempo não existe.

**B:** Para a razão, isso é um paradoxo, mas a razão pensa em um só mundo.

## 5 A Troca de Recursos

**A:** Quando penso em situações nas quais tive um problema e não sabia o que fazer ou quando simplesmente fiquei triste, lembro que outras pessoas me ajudaram muito ouvindo, dizendo alguma coisa ou perguntando. Era como se fontes de energia se abrissem para mim. Também tenho amigos que me agradeceram por eu tê-los ajudado, mas, em geral, eu nem mesmo sei como eu os ajudei.

**B:** Essas fontes de energia das quais você falou também são chamadas de recursos. Esses recursos que criamos provavelmente são os aspectos mais valiosos de nossas relações grandes e pequenas. O modo como podemos fazer bem uns aos outros varia muito.

Talvez já ajude muito ouvir outra pessoa para que ela não precise vivenciar a sua temática sozinha internamente. Pode ser que a solidariedade, o sentimento e a amizade que oferecemos ao nosso parceiro lhe dêem segurança, auto-estima e coragem. Ou seriam perguntas direcionadas que ajudam uma amiga a organizar as idéias, reconhecer implicações e analisar o conjunto todo? Talvez também sejam as nossas opiniões que comunicamos, ou as nossas idéias e experiências por meio das quais mostramos novos caminhos a outras pessoas. Servimos uns aos outros como conselheiros, mas também como modelos para outros comportamentos e aprendemos uns com os outros, não apenas através das palavras, mas vivenciando como a outra pessoa lida com as coisas da vida. Somente quando as palavras coincidem com as ações de uma pessoa é que podemos aceitá-las de fato.

**A:** Até agora falamos mais detalhadamente sobre muitas dessas possibilidades: a indagação esclarecedora, o ouvir ou a transmissão de novos pontos de vista. O maior enriquecimento aparentemente está na combinação de diversos caminhos aliado à atenção e prudência.

**B:** Mesmo assim cada pessoa tem o seu jeito natural de fazer bem aos outros. Uma pessoa só precisa olhar nos seus olhos, uma outra se cala e simplesmente toca em você, outra ouve você falar, pergunta ou fala de uma forma que a toca. Nenhum modo é melhor ou pior que o outro.

Mas o que todos têm em comum parece ser a postura de perceber a outra pessoa e ter uma intenção positiva em relação à mesma.

**A:** Às vezes me ajuda muito quando uma pessoa conhece bem um problema que estou tendo, ou por já ter passado pela mesma coisa no passado ou por ainda estar procurando uma solução. Nessa situação, sinto-me compreendida e solidária e essa proximidade me faz bem.

**B:** Isso possibilita juntar as energias e idéias de ambos na procura por uma solução para o problema. Caminhar juntos. O sentimento de solidariedade com pessoas que tenham o mesmo déficit também pode ser um freio para continuar com as próprias forças porque, quando precisamos deixar o outro para trás pelo fato de termos encontrado uma solução para nós mesmos, podemos sentir-nos culpados ou isolados. Nisso, o exemplo que apresentamos pode ser muito útil para todos, estimulá-los e mostrar-lhes um caminho. Enquanto a solidariedade existe em uma necessidade comum, a força está na possibilidade de procurarmos juntos pelas soluções, mas quando um dos parceiros já encontrou meios para solucionar as coisas devemos aprender um com o outro.

**A:** Agora, estou me lembrando de outras formas através das quais podemos ser fontes de energia. Muitas coisas só são possíveis de serem realizadas com outras pessoas, pelo menos são mais divertidas: jogar futebol, dançar, cantar, falar, brincar, trabalhar, beijar, amar...

**B:** Eu também estou pensando nos muitos presentes da vida que só recebemos quando partilhamos: conhecer algo sobre si mesmo, ser útil e importante para outras pessoas, encontrar um lugar na vida, cumprir tarefas e vencer desafios, assumir responsabilidade.

**A:** Mas às vezes acho muito bom ficar sozinha para meditar, sonhar, refletir, ler um livro ou entrar em contato silencioso com a natureza.

**B:** Os nossos relacionamentos devem permitir-nos um espaço para isso. Eles não se baseiam somente em proximidade física, eles continuam em nós a nível interno, mesmo quando seguimos caminhos diferentes. Da mesma forma, relacionamentos problemáticos podem roubar-nos a paz em nossos pensamentos e sentimentos quando estamos sozinhos. Quando isso acontece, é importante esclarecê-los ou estabelecê-los novamente.

**A:** É, quando algo importante não foi dito ou quando não consegui aceitar uma pessoa em seu papel ou quando me sinto ofendida e ignorada ou quando acusações levantam muros entre nós.

**B:** Nesse caso, ajuda muito falar primeiro com a pessoa internamente, exprimir o que você realmente está querendo dizer e ouvir o que o outro tem a dizer. Você não precisa gostar do comportamento da outra pessoa, mas, talvez consiga reconhecer nela uma necessidade ou uma boa intenção que lhe torne possível reagir de modo diferente. Talvez também se trate de definir claramente os seus limites e encontrar a distância adequada ou, então, simplesmente reconhecer o que vocês podem ou não dar um ao outro. Não vale a pena procurar algo num parceiro que ele simplesmente não tem. No máximo, vocês podem procurar juntos e tentar encontrar isso em outra parte.

**A:** O meu diálogo interno, no qual converso com outra pessoa, influencia o relacionamento real?

**B:** Você pode experimentar isso e talvez perceba que palavras honestas, mesmo que só tenham sido faladas internamente, abrem uma porta para uma mudança na relação. Em algum momento, perdoei o meu pai por tudo que ele me fez. Eu disse para mim que era a minha obrigação eu mesmo aprender e realizar na vida o que ele não podia me dar. E, ultimamente, eu o aceito como meu pai, experimentando um sentimento de gratidão e de solidariedade. Ao mesmo tempo, senti como, de repente, eu tinha muito mais energia, como se ele tivesse colocado a sua verdadeira força à minha disposição. Depois disso, o meu relacionamento com o meu pai real mudou muito e eu fui ao seu encontro de outro modo, sem reivindicações nem acusações e percebi que, como por um milagre, ele também reagia de forma bem diferente comigo.

**A:** Eu gostaria muito de fazer isso com uma determinada pessoa, mas ela me machucou muito e tenho a sensação que vai me machucar, novamente, se eu não mantiver distância.

**B:** Só conseguimos perdoar quando a outra pessoa não nos fere mais, seja porque estamos mais livres e mais fortes, seja porque na realização de nossas necessidades não somos mais dependentes daquilo que essa pessoa faz. Por isso, fase da limitação tem o seu sentido. Ana, de que você necessita e o que precisaria alcançar na vida para poder perdoar essa pessoa?

**A:** O que eu precisaria é ter a certeza de que sou digna de ser amada, mesmo que o idiota não tenha conseguido perceber isso. Em vez disso, continuo tendo a sensação de que há algo errado comigo por ele ter-me criticado tanto.

**B:** E se você soubesse que é muito digna de ser amada e que está ótima? Como você o veria então?

**A:** Como um pobre coitado que sempre está sob pressão e sempre quer ser perfeito porque pensa que, de outro modo, não vale nada.

**B:** Por isso, provavelmente, não conseguiu dar-lhe o reconhecimento que você desejava. Certamente também não é sua obrigação curá-lo, mas talvez a atitude dele perca um pouco da aspereza que tinha e você, internamente, consiga desvencilhar-se um pouco daquilo que dói tanto.

**A:** Bernardo, eu realmente sou digna de ser amada?

**B:** Pergunte a você mesma, Ana. Você acha que é digna de ser amada? Por favor, olhe para aquela menininha que você foi e que sempre ficava insegura em relação às coisas que os outros diziam ou podiam pensar dela. Essa menininha sofria com as mensagens negativas de outras pessoas as quais, na ocasião, infelizmente, estavam bastante sobrecarregadas.

**A:** Os meus olhos ficaram marejados e eu sinto muita solidariedade e amor por essa menina.

**B:** Como eu também, porque eu sei que essa menina está dentro de você. Por favor, Ana, se você quiser pode abraçá-la e dizer-lhe que é muito, muito valiosa... Diga tudo o que quer.

**A:** Isso faz muito bem à menininha e a mim também, e o mais espantoso, é que minha mãe também percebe a menininha e a abraça e eu sou tão grata a ela por isso.

**B:** Essa é uma experiência muito valiosa através da qual você pode fazer crescer um recurso que pode dar-lhe segurança e auto-estima emocional em muitas relações futuras, mesmo que outras pessoas, às vezes, sejam imperfeitas e cegas. Vai ajudá-la a encontrar pessoas que a valorizem. A cada experiência positiva desse tipo esse recurso irá crescer.

**A:** O que também me ajuda é estimular e animar pessoas que precisam desse tipo de interesse e valorização.

**B:** Mas, primeiro, Ana, aproveite o fato de você mesma estar recebendo algo, porque somente quando temos provisões próprias é que podemos dá-las de presente.

**A:** Eu acho que isso vale para tudo o que as pessoas têm para trocar. Antes de dar aos outros elas primeiro precisam receber algo ou possuir algo dentro de si.

**B:** E todos nós já trazemos muitos tesouros dentro de nós de modo que há o suficiente para ser trocado nas mais diversas áreas. Há habilidades que podemos trocar, dedicação, experiência, força, beleza, bem como maturidade e sensibilidade. Também podemos trocar dinheiro e bens quando se trata de um relacionamento comercial.

**A:** Estou pensando como as pessoas de diferentes culturas poderiam enriquecer umas às outras e como pobres e ricos poderiam aprender uns com os outros descobrindo muito mais sobre si mesmos.

**B:** Sim, a troca requer sinceridade de ambos os lados, exige condição de igualdade e não um fluxo em uma só direção, nem falso orgulho ou desejo unilateral. Ninguém começa do zero, e o que já existe tem o seu valor e só pode ser ampliado. Cada comportamento aprendido tem um sentido dentro de determinado contexto. Mas, infelizmente, Ana, muitas vezes não vemos aquilo que poderíamos dar uns aos outros e o repudiamos porque nos parece ser proibido e porque não queremos permitir-nos certas realizações. Afinal de contas, somos bem educados e arrumamos a vida para que ela funcione bem. Oprimimos a vontade de experimentar algo diferente e isso não foi fácil. Por isso, também oprimimos o diferente quando o vemos lá fora, isto é, em outras pessoas.

**A:** Algumas pessoas até mesmo querem eliminar isso, só para oprimir uma carência dolorosa ou proibida.

**B:** A carência já está entre os tabus em nossa sociedade porque ela faz com que outros pensem que somos fracos. Isso só é permitido com terapeutas.

**A:** Em todo caso, eu opto pelo caminho da sinceridade e admito as minhas reais vontades. Seria uma pena perder isso. A vida é curta demais para permanecer em papéis fixos e eu sei que a carência emocional não pode ser compensada pela segurança material.

**B:** Na troca, o importante é que ambas as partes recebam aquilo que realmente estejam procurando. Nunca ficamos saciados com aquilo que não nutre e o que não queremos realmente. Como nunca ficamos saciados dessa forma, pegamos mais e mais e ficamos cada vez mais famintos e, então, pegamos mais ainda...

**A:** E assim surgem as dependências e os vícios, não é?

**B:** Isso mesmo. Acabei de ter uma experiência desse tipo quando estava trabalhando no meu computador e este, de repente, parou de funcionar direito. Quanto mais eu experimentava as coisas, mais complicado ficava. Não havia nenhum tipo de satisfação naquilo, mas quanto menos funcionavam, mais tempo eu insistia em ficar diante do computador à noite. Noite após noite a mesma coisa. Isso já tinha se transformado numa obsessão porque minha parceira e as outras coisas todas não tinham mais importância e eu nem mesmo percebia mais como estava cansado... e só quando ela me pegou pela mão e me tirou de lá consegui desvencilhar-me daquilo. Então, eu me permiti analisar a situação de uma certa distância enquanto fazia coisas bem diferentes e, depois de alguns dias, tive a idéia de que o carrinho da impressora poderia estar com defeito, uma vez que já não era novo. Pedi um novo e tudo funcionou normalmente.

**A:** Dependência cega. O ciúme também é uma forma de dependência. Eu conheço isso muito bem e sei que nesse estado não procuramos a felicidade onde ela realmente pode ser encontrada. Talvez isso até mesmo esteja dentro de mim!

**B:** Muitas vezes, entender isso é tudo o que precisamos para modificar o nosso comportamento e, às vezes, precisamos da ajuda de outra pessoa ou de aconselhamento profissional e terapia.

## 6 O Trabalho Terapêutico

**A:** Bernardo, como você toca nas experiências que ajudam uma outra pessoa? Dentro da área de terapia, por exemplo? Notei isso em muitos exemplos que você deu.

**B:** Primeiro, Ana, eu só consigo fazer isso se eu mesmo não tiver grandes deficiências e carências na mesma área e, por isso, a aprendizagem e o trabalho em mim mesmo são importantes pré-requisitos.

Depois, eu me pergunto que tipo de experiência uma pessoa necessita para encontrar novas possibilidades para a sua vida e de que forma posso transmiti-las. Às vezes, a forma como transmitimos as coisas tem uma influência decisiva e por si só já deveria ser uma fonte de energia.

**A:** O que você está querendo dizer é que quando uma pessoa sofre por ser constantemente bombardeada com perguntas você, não necessariamente, também vai fazer-lhe perguntas.

**B:** Isso mesmo. E quando alguém sofre com uma atitude fria e distanciada, tentarei passar compreensão e calor, mas só se eu realmente conseguir sentir isso. Quando uma outra pessoa se sente acuada, reservarei um tempo para ficar com ela e quando uma mulher sofre por causa de experiências negativas com homens, perguntarei se apesar de eu ser homem ela aceita o meu apoio.

**A:** E se alguém não gosta de você, mas você quiser ajudá-lo apesar disso?

**B:** Isso é muito difícil, pois dificilmente ela me procurará. Em geral, e especialmente nesse caso, tudo depende de você não ter nenhuma dependência emocional com a pessoa, isto é, minha auto-estima, minha segurança e meu bem-estar internos devem vir através de outras áreas da minha vida. O fato de essa pessoa não gostar de mim já é uma informação importante que eu espelho para descobrir que experiências ela pode ter tido, o que em meu comportamento pode desencadear essas reações, o que vemos um no outro, o que projetamos para dentro de nós e o que pode ser verificado e comprovado. Faço um esforço para tocar nisso abertamente. O esclarecimento pode propiciar uma mudança substancial que passa a ser uma experiência positiva para a outra pessoa que, por sua vez, revê as suas generalizações negativas preponderantes e aprende novas coisas.

**A:** E você fala quando a relação e o estilo, de fato, estão de acordo?

**B:** Antes de falar demais, eu tento entender a mim mesmo, faço perguntas e procuro modelos espirituais, convicções ou experiências que poderiam ser empecilhos em determinadas áreas da vida de minha parceira. Ao mesmo tempo, penso nas experiências que poderiam mudar esses modelos restritivos. Quem sabe novas idéias? Uma experiência positiva em nosso relacionamento aqui e agora? A procura por experiências antigas e a reavaliação das mesmas? Outras experiências positivas do próprio mundo de experiências do cliente? Ou será que essas experiências vêm do mundo da fantasia e das metáforas? Tudo o que descubro testo experimentando as reações positivas. Talvez eu descubra que uma comunicação frutífera dependa de outros pré-requisitos, que precisamos de mais tempo para criar uma relação de confiança e que é racional levar o cliente a um estado de total relaxamento ou que ainda estão faltando informações.

Depois desse trabalho prévio, levo o parceiro para dentro de seu mundo restritivo de experiências e o faço vivenciar esses modelos mais uma vez, mas somente com a intensidade necessária para que o mesmo se conscientize quanto a esses modelos. Posso regular a intensidade pedindo ao cliente que olhe para os fatos de sua vida, a partir de uma certa distância, enquanto sabe que se encontra seguro na cadeira de meu consultório. As pessoas que sempre olham para tudo com um distanciamento grande demais são levadas a vivenciar as experiências de forma mais intensa.

Nessa ocasião, também surgem sentimentos de desamparo, pesar ou raiva, até então oprimidos. Às vezes, é muito importante mostrar esses sentimentos, chorar lágrimas que lavem a alma ou dizer o que até agora tinha sido suprimido. Nessa ocasião, já podemos encontrar uma solução.

Em todo caso, trata-se de transmitir novas idéias e experiências, vivenciar algo a partir de novas perspectivas e encontrar recursos. Isso pode ser algo como encontrar a sua criança interior, como já vivenciamos um pouco antes, pode ser um conto de fadas ou, ainda, a conscientização em relação a fontes de energia, habilidades e experiências as quais o cliente traz dentro de si, de determinadas áreas da vida e de épocas bem diferentes. Eu o guio para dentro dessas experiências positivas, faço com que ele vivencie tudo o que há de valioso nelas e solicito que utilize e aproveite esses recursos que o ajudarão a mudar e a mostrar a condição de relatividade da experiência restritiva. Às vezes, também precisamos transmitir para outras pessoas envolvidas recursos do mundo de experiências do cliente.

**A:** Já na descrição isso não parece ser fácil e eu imagino que na prática deva ser muito mais difícil ainda. Como é que você sabe em qual estado o cliente se encontra e como acontece a ligação dos recursos com as deficiências?

**B:** Na área terapêutica da PNL, existe o seguinte caminho: o tempo todo eu observo detalhadamente as reações de meu cliente e descubro a qual estado estão ligadas, que postura corporal, respiração, expressão facial e movimento dos olhos.

Somente quando os sinais se repetem posso partir do princípio de que o cliente, internamente, se encontra novamente no mesmo estado de antes. A partir desses pontos referenciais, peço-lhe que entre diversas vezes numa experiência de deficiência e numa experiência de recurso e, em seguida, saia das mesmas. Eu o ajudo com o auxílio da linguagem, mas também utilizo sinais, as âncoras, que aciono de acordo com cada estado. Pode ser o tom da minha voz, um toque ou um gesto. Depois que o cliente pôde vivenciar dessa forma a experiência de deficiência e a experiência de recurso, alternadamente, entramos na fase de integração na qual eu o solicito a vivenciar as duas experiências simultaneamente e aciono os sinais correspondentes ao mesmo tempo. Inicialmente, isso pode levar à confusão ou a uma fase de reorientação, mas, depois, graças ao recurso, o cliente vivencia as dificuldades de nova forma e sabe que as coisas podem ser diferentes. Percebo algo novo em sua expressão, algo que liga os dois estados de forma harmoniosa, os quais, até então, estavam separados.

**A:** Essas experiências de recurso que escondem nossas fontes de energia certamente também podem ter um caráter simbólico, não é?

**B:** Sim, muitas metáforas e imagens comentadas na parte principal fazem parte disso, como, por exemplo, perceber uma árvore, um rio e tudo o que a natureza nos mostra e ensina. Cores, luz e música também desempenham um papel importante. Elas são algo como acionadores naturais, isto é, âncoras para estados energéticos. Às vezes, faz bem, internamente, colocar uma situação difícil sob uma luz curadora, perguntar a um sábio ancião ou beber de uma fonte vivificadora. Nossos estados mais profundos e mais fortes, muitas vezes, são experiências espirituais que geralmente vivenciamos de forma simbólica que é muito mais estável e independente das condições externas do que uma colocação concreta. Às vezes, deixo o próprio cliente procurar em seu inconsciente pela experiência de recurso adequada e o acompanho pelo seu mundo interno utilizando uma linguagem hipnótica num estado relaxado.

Profissionais que trabalham com terapias corporais podem seguir caminhos muito diferentes também transmitindo ao seu cliente experiências referenciais que representam uma nova fonte de energia que vai até as profundezas da musculatura.

A arte e todo tipo de improvisação expressiva ou o esporte podem ser usados de forma parecida em outras áreas contanto que se mantenham dentro dessa idéia básica.

**A:** Para mim, o símbolo de um cálice representa uma fonte de energia muito importante. Até mesmo quando vejo tulipas, essa energia desperta em mim e, agora, eu entendo o que são âncoras. Poderia ser que numa vida anterior eu tenha sido um cavaleiro na corte do Rei Artur?

**B:** Por que não? Eu não acho que não se trata de uma verdade no sentido normal, mas sei que nosso espírito produz muitas experiências positivas e negativas que interpretamos dessa forma e que podemos utilizar em nossas vidas e essas experiências têm sentido.

**A:** Quando internamente resgatamos experiências de recurso, nem sempre todos os problemas foram solucionados porque, muitas vezes, complicamos a nossa vida anterior em demasia.

**B:** Isso, por assim dizer, é o nosso karma dessa vida, isto é, da vida de ontem e de anteontem e, certamente, dá trabalho mudar o que já arrumamos, mas é possível mudarmos quando dirigimos a nossa atenção para novos caminhos.

Depois de trabalhar com o cliente da forma que descrevi, eu verifico se a nova forma de vivenciar as coisas lhe fez bem. Eu indago o que mudou internamente e quais as conseqüências ou se, ainda, há a necessidade de mais alguma coisa. Isso é chamado de teste ecológico. Então, juntos começamos a olhar para o caminho que leva ao futuro. O cliente precisa trilhar e vencer esse caminho sozinho. A meu ver, não existem mudanças pré-fabricadas, porque somente aquilo que também se manifesta numa mudança na organização da vida tem consistência. Façamos os testes. O que funciona é mantido, o que não é suficiente precisa ser reforçado e o que não estava certo precisa ser modificado novamente.

**A:** Eu sei que não vou trabalhar dessa forma profissionalmente, mas muitas dessas idéias me ajudam particularmente quando quero ajudar meus amigos a encontrarem, mais energia de vida, coragem e novas idéias. E isso também vale para mim mesma.

Por exemplo, posso aproveitar aquela energia fortalecedora que eu tenho quando penso na minha criança interior e quero ficar em equilíbrio de dentro para fora, mesmo que as outras pessoas não estejam equilibradas dessa forma. E a força que eu tenho quando danço e salto também me ajuda nos estudos e no cumprimento de meu trabalho, mas o trabalho com experiências traumáticas e terapia verdadeira prefiro deixar para os profissionais.

**B:** Eu lhe agradeço por isso.

*METÁFORAS*
*O Modelo Milton*
*Modelos Hipnóticos*
*Histórias*
*Acompanhar e Guiar*
COISAS INCONSCIENTES

*Parte III*
*Linguagem e Sentido*

# Linguagem e Sentido

## 1 Introdução

**A:** Existem pessoas que se expressam de tal modo que, internamente, consigo acompanhá-las muito bem, trabalhando minhas próprias experiências e idéias internas sem que elas tomem conhecimento disso. Nesse momento, eu também não me preocupo em indagar tudo muito detalhadamente. Simplesmente ouço o que têm a dizer porque faz sentido para mim, mesmo que tenha sido dito em termos muito generalizados.

**B:** Pessoas que falam assim, freqüentemente, conseguem transmitir alguma coisa para toda uma platéia de ouvintes.

Outras são terapeutas que falam com um cliente tocando-o em seu interior com o intuito de apoiar novas idéias e processos internos. A área das viagens imaginárias também faz parte disso. E, é claro, padres e pastores, políticos, vendedores ou cantores de música popular também utilizam uma forma de linguagem que pretende atingir o imaginário do maior número possível de pessoas.

## 2 Expressão Não Específica

**A:** O que todas essas formas de linguagem têm em comum e qual o segredo que se esconde por trás desse modo de falar?

**B:** Primeiro, elas se concentram naquilo que os ouvintes, ou a platéia, conseguem captar e entender.

Você está sentada aqui e nós nos reunimos para falar sobre linguagem. É interessante reservar um tempo para isso de vez em quando porque há muitas coisas que nos chamam a atenção quando fazemos isso. Talvez isso seja parecido com uma viagem de descobrimento.

**A:** Sim, isso eu consigo aceitar muito bem. Tudo está de acordo e me deixa com uma boa sensação de confirmação.

**B:** Você deve ter observado que as palavras que estamos utilizando aqui são genéricas e não específicas. Elas são tão genéricas que a sua imaginação ou a sua memória são estimuladas de forma que você, sem fazer nenhuma pergunta, passa a acrescentar essas palavras genéricas com o seu próprio conteúdo concreto.

**A:** Isso é fácil porque tudo acabou de acontecer e é verdadeiro. Só quando você usou a frase que diz "Há muitas coisas que nos chamam a atenção quando fazemos isso" desencadeou lembranças minhas sobre as quais fiquei pensando. As suas palavras foram agradáveis, mas há pessoas que falam de forma muito generalizada e me deixam completamente fria ou até mesmo despertam um sentimento de rejeição em mim.

**B:** É bom que você perceba esta diferença, porque aqui as suas palavras também não estão sozinhas. Talvez você também conheça pessoas que têm uma mensagem profunda e verdadeira a ser transmitida.

**A:** Sim, de alguma forma, essas pessoas falaram de dentro para fora, suas palavras vinham do coração e todos que as ouviram sentiram isso.

**B:** Muitas pessoas ficaram positivamente famosas por isso, sejam pessoas que lutaram pela liberdade como Martin Luther King, Nelson Mandela, o Dalai Lama, sejam alguns políticos como Richard von Weizäcker ou terapeutas famosos como o hipnoterapeuta Milton Erickson.

**A:** Mas eu também conheço grandes e pequenos sedutores e estou aprendendo a distinguir as coisas.

## 3 A Utilização da Linguagem Hipnótica

**A:** Quero aprender a utilizar a linguagem de tal forma, que eu possa guiar outras pessoas em seus processos internos de aprendizagem.

**B:** Isso não acontece de um dia para o outro, mas você pode aprender os princípios básicos aqui e, para isso, precisamos do modelo de linguagem de um lendário hipnoterapeuta, Milton Erickson.

**A:** Antes, conhecemos o metamodelo que trata de eliciar conteúdos exatos e concretos daquilo que foi dito.

**B:** Nós éramos os indagadores e não queríamos depender de interpretações imaginadas, e, sim, resgatar junto ao nosso interlocutor as informações que estavam faltando.

**A:** Ainda me lembro: o que exatamente, como exatamente, de onde você sabe isso? o que o impede? etc.

**B:** É, tratava-se de acrescentar ou interpretar o menos possível. Agora, o nosso propósito é falar de forma que as palavras passem a ter um sentido bem pessoal para os ouvintes de tal maneira que não precisem indagar mais nada. Queremos que as pessoas preencham as palavras com conteúdos de seu próprio mundo de experiências ou fantasia, com experiências referenciais próprias.

**A:** Então, vamos estimular as idéias que fazem sentido, mas que também variam muito de pessoa para pessoa.

**B:** Sim, e dessa forma os guiamos em seus processos de aprendizagem individuais.

Enquanto você me ouve, uma de suas partes internas talvez já tenha entendido mais do que a sua razão porque aprendemos de várias maneiras. Além disso, o seu interior pode colocar à sua disposição todo aquele saber inconsciente e todas as suas experiências.

*Quando falamos, só somos concretos nas áreas que conhecemos, em outros casos tendemos a usar generalizações, omissões e suposições.*

*Você sabe qual é o tema de nossa conversa.*

*Você está entendendo muito bem.*

*A temperatura está bem agradável aqui.*

E, ao mesmo tempo, você sabe que alguma coisa dentro você está aprendendo muito à sua própria maneira, não só a nível externo, mas também a nível interno.

***A:*** O meu interior acaba de ver uma ligação: podemos entender o modelo de Milton como o reverso do metamodelo?

***B:*** Isso mesmo. Tudo o que aprendemos no metamodelo agora encontramos novamente sob outra forma. Quando nos baseamos no Modelo de Milton, guiamos os nossos ouvintes passo a passo. Antes de seguir mais um passo, primeiro nos ajustamos lingüisticamente ao mundo de experiências e ao estado dos ouvintes. Assim, criamos contato e confiança.

***A:*** Como eu, na condição de ouvinte, não quero falar, só quero ouvir e captar, é importante saber que, mesmo assim, você vai reagir à minha vivência interior, perceber a minha presença e me respeitar.

***B:*** Vi que você está sorrindo para mim agora. Talvez aquela parte interior esteja acenando – e eu agradeço. Agora, eu me despeço dela porque todo o resto vai acontecer sozinho e de forma bem natural.

***A:*** Essa foi uma bonita combinação do racional e do não racional. Eu, realmente, acho que tenho muito conhecimento intuitivo através do qual aprendo mais do que sou capaz de perceber daquilo que você está dizendo. Agora, quero fazer algo pelo meu consciente e gostaria de ouvir outros exemplos, de preferência algo que eu ouça de forma distanciada para que possa entender melhor a sua estrutura.

***B:*** Com prazer. O próximo exemplo demonstra muito bem o distanciamento. Não é um exemplo que se imite, mas ele mostra a vida real. Trata-se de um discurso político.

Para deixar mais clara a relação com o metamodelo, peço que você, Ana, faça perguntas no decorrer do discurso que será apresentado, perguntas que antigamente (infelizmente) foram feitas em pouca quantidade.

***A:*** Sempre gosto de fazer algumas perguntas indesejáveis. Podemos colocá-las no meio do discurso. Eu também vou indicar a categoria de metamodelo na qual estou fazendo as minhas indagações.

***B:*** Este é o discurso feito pelo presidente do novo partido RGP, Representação Geral da Posição. Local: Oeste dos Estados Unidos.

**Queridos amigos!**

*Estamos reunidos hoje nesse lindo salão onde me encontro em suas presenças.*

***A:*** Pressuposição: Somos amigos? De resto é mencionada a vivência atual: leitura da vivência, portanto.

*Talvez os Senhores e as Senhoras estejam se perguntando como as coisas vão continuar nesse nosso país. As suas preocupações com o que diariamente são obrigados a ver, para isso bastando ligar o aparelho de TV. As suas preocupações e o seu senso de responsabilidade os trouxeram aqui e nos uniram. Tenho certeza de que os Senhores pensam no futuro de todos nós e se perguntam para onde estamos indo.*

**A:** Muita leitura de pensamentos: Como você sabe o que pensamos e nos perguntamos e o que nos trouxe aqui, mas decerto não nos uniu?

*Só o fato de estarem me ouvindo aqui agora, já prova que nosso país ainda pode ter esperanças, prova que ainda há homens, perdão, homens e mulheres que continuam pensando.*

**A:** Conferir significado: como você chegou à idéia de que a nossa presença aqui prova isso? Omissões: Quais as esperanças que nosso país pode ter e como você acha que continuamos a pensar?

*E o fato de eu estar me dirigindo a vocês agora mostra que sou um homem que se preocupa como vocês fazem, que sofreu como vocês e que superou isso como vocês também irão superar.*

**A:** Conferir significado: O fato de você falar conosco e, principalmente, como você o faz, mostra algo bem diferente. Leitura de pensamentos: Como você chegou às semelhanças que estabeleceu entre as suas afirmações sobre a sua vida e o nosso caminho de vida?

*Porque, meus amigos, se hesitarmos mais tempo, nossa voz chegará tarde e as eleições acontecerão sem a nossa participação e, se isso acontecer, o nosso país também desaparecerá, mas se nos lembrarmos de nossa força, então seremos capazes de mudar alguma coisa.*

**A:** Omissões: Hesitar como? É tarde para quê? Causa e Efeito: Como a nossa hesitação poderia ter efeitos assim? Palavras não específicas: Como será que o nosso país desaparecerá? O que exatamente podemos mudar e como?

*Independente da maneira como vencemos isso, se dispensamos determinada explicação hoje ainda ou só amanhã e independente da maneira como demonstrarmos a nossa união.*

**A:** Palavras não específicas: Vencer o quê? Pressuposições: De onde você sabe que vencemos essa coisa hoje, amanhã ou de qualquer forma, que dispensamos alguma explicação e que somos unidos?

*É muito bom termo-nos encontrado.*

## Parte III - Linguagem e Sentido

Lugar comum: É bom para quem e para quê? Como você sabe isso?

*Tantas pessoas engajadas e entusiasmadas. Cada qual está no lugar certo, cada palavra é a pura verdade.*

**A:** Conceitos universais: Somos todos iguais? Cada qual? Cada palavra é a pura verdade? Palavras não específicas: O que você quer dizer com "o lugar certo"? Pressuposição: O que faz você pensar assim?

*Não podemos nem devemos hesitar mais tempo. Temos a força para moldar o futuro – precisamos superar as nossas pequenas dúvidas.*

**A:** Possibilidade, impossibilidade: O que nos impede de hesitar em relação a você? O que aconteceria se intensificássemos as nossas dúvidas em relação a você? Pressuposição: Por que você pensa que temos a força, ainda por cima com você? Palavras não específicas: O que será moldado no futuro e de que forma?

*Tudo vai dar certo, nós conhecemos o caminho.*

**A:** Conceitos universais: Tudo? Pressuposição: Como você sabe disso? Nominalização: Qual o caminho e para onde ele leva?

*A chave é a confiança.*

**A:** Nominalizações: Confiança em quê? Para que chave e nas mãos de quem?

*Agora, irei explicar as conexões que somente nós reconhecemos: a relação de crescimento corresponde à insuficiência de certos componentes do sistema que circulam internamente. Já passamos pela soleira da regeneração. Se agora manipularmos a substância culminante a nível interno, conseguimos obter a interferência.*

**A:** Muitas nominalizações: O que cada uma dessas palavras significa para você? Que processos você está descrevendo com elas?

*Por isso, vejo que todos estão entendendo o que eu quero dizer, tudo vai ficar melhor – conosco – tudo vai se desenvolver – conosco.*

**A:** Causa e efeito: O que faz você pensar assim? Parte não específica da frase: O que vai ficar melhor? E quem se esconde atrás da palavra "conosco"?

*Vocês entendem, não é, que algumas coisas nesse país irão mudar.*

**A:** Partes não específicas da frase: Que coisas exatamente? Verbos não específicos: mudar de que forma?

*Vamos começar...*

**A:** Pura omissão: O quê?

*Tudo vai ficar mais amplo, melhor e, principalmente, mais livre...*

**A:** Omissão da comparação: Mais amplo... melhor... mais livre que quem ou o que e para quem?

*E eu lhes peço: pensem em nosso país como vocês realmente querem que ele seja, cresça e floresça.*

**A:** Instrução: Somos obrigados a isso? Preferimos pensar a seu respeito.

*E eu pergunto olho no olho: vocês querem que o nosso país fique assim?*

**A:** Palavras não específicas: Como exatamente? E se estamos falando de seus olhos a resposta é não, porque gostaríamos de desejar muitas outras cores ao país.

*Eu agradeço a confiança de vocês.*

**A:** Ler pensamentos: Como você sabe que confiamos justamente em você? Pressuposição velada: Como você sabe que as suas idéias têm algo em comum com as suas?

**B:** Obrigado, Ana. Essa foi uma interessante demonstração da forma política do uso de modelos de linguagem hipnótica e dos meios de desfazê-la por meio de perguntas.

## 4 O Modelo Milton de Linguagem

**A:** Mas agora eu gostaria de ouvir algo agradável.

**B:** Vamos usar a linguagem exatamente para essa finalidade. Seguiremos passo a passo. Assim, também iremos conhecer o modelo de hipnose de Milton Erickson melhor. Esse modelo descreve a estrutura da fala hipnótica. Quando falo em hipnótico, refiro-me ao efeito de modificar o estado do ouvinte de tal modo que ele consiga acessar suas próprias experiências inconscientes e conhecimentos guardados que vão muito além da consciência do dia-a-dia. Na prática, em geral, trata-se de ajudar o ouvinte a relaxar e se regenerar. Mas este é só um começo, os processos de aprendizagem racionais são a continuidade.

Vou começar com o texto de uma pequena viagem de relaxamento que talvez já seja até mesmo um pouco mais que isso. Mais tarde, iremos repetir esse texto conscientizando-nos quanto aos modelos de linguagem utilizados.

**A:** Estou pronta. Você pode começar.

**B:** *Nesse local, você está dispondo de um tempo para ouvir. Você sabe que dia é hoje e que horas são.*

*Você está vendo o que está à sua volta.*

*Você ouve a minha voz.*

*Pode ser que um ou outro pensamento a acompanhe.*

*Nós nos encontramos aqui para seguirmos juntos por um caminho. Talvez você esteja sentindo o seu corpo e a sua respiração. Enquanto você continua ouvindo a minha voz e percebendo a sua respiração, possivelmente também tem vontade de sentar-se de forma mais confortável ou até mesmo de deitar-se. E talvez lhe faça bem relaxar dessa forma porque assim pode sentir o contato com o assento ou com o chão. Você sente a temperatura que a cerca.*

*Só você sabe como é essa sensação e se há uma área de seu corpo que ainda gostaria de ocupar um pouco mais de espaço. É bom dar atenção a todas as suas sensações porque isso significa que elas são importantes para você e que cresce uma confiança gentil entre o seu espírito e as suas sensações.*

*Não precisa fazer nada mais. Simplesmente perceber o que está dentro de você porque assim vai relaxar com mais facilidade.*

*Não importa o tipo de relaxamento, você pode permitir-se seguir sorrindo por este caminho e continuar descobrindo como sorrir pode ser um estado natural de sua personalidade. Como já foi em outras épocas.*

*Minha voz continua acompanhando você...*

*E cada respiração a nutre em seu caminho que leva ao seu centro, lá onde você está em harmonia consigo mesma.*

*Talvez você esteja se sentindo diferente agora e isso é um bom sinal porque sempre que estamos a caminho das nossas fontes, a paisagem muda.*

*Pode ser que a sua respiração fique mais profunda, o seu corpo mais livre e o seu espírito mais aberto. Às vezes, acontecem várias coisas juntas.*

*Cada célula de seu corpo está convidada a participar porque não muito longe dali está aquele lugar esperando por todos. Hoje mesmo, porque algo dentro de você quer levá-la para esse lugar e eu me pergunto se lá no fundo você permite isso hoje...*

*Você continua sentindo a sua respiração e cada inspiração ou expiração é um suave passo em direção a essa fonte. A cada inspiração você recebe mais energia e a cada expiração elimina aquilo de que não precisa mais.*

*Dessa forma, você pode largar cada vez mais coisas, ir mais longe, chegar mais perto e saber que aqui você está segura e protegida e perceber os sinais da fonte, quem sabe um símbolo, o ruído da água ou uma cor.*

*Você pode, simplesmente, pedir que o seu interior lhe mostre o que ele quer-lhe mostrar.*

*É bom receber de dentro porque, de lá, vem o que há de mais íntimo.*

*Para nós, o interior é como um velho amigo ou uma velha amiga.*

*Assim, chega a hora de você chegar nesse lugar, de entrar em contato com essa fonte, independente de como você a encontrar. Tudo o que você precisa para isso é um sim para si mesma, para o seu ser e quando você sentir esse sim dentro de si, você terá chegado.*

*(intervalo um pouco mais longo)*

*Você pode absorver o que está lá para você.*

*Trata-se de uma água especial? De um símbolo ou uma luz?*

*Ou de algo bem diferente?*

*Possivelmente, aqui também há sons.*

*(intervalo)*

*E tudo o que você tem a fazer é, simplesmente, absorver.*

*Cada célula de seu corpo pode regenerar-se. O tempo lhe pertence.*

*(intervalo um pouco mais prolongado)*

*Aos poucos, a sua permanência nesse lugar termina.*

*Está na hora de se despedir.*

*Você pode sentir a energia que está levando consigo. E independente de qualquer*

*coisa, você sempre terá a certeza de poder voltar para cá para vivenciar algo muito pessoal. Você conhece o caminho.*
*Você também conhece o caminho para o mundo externo, o caminho que você está seguindo agora.*
*Você sente a sua respiração e as sensações no seu corpo e também se conscientiza cada vez mais em relação à minha voz que a acompanhou esse tempo todo.*
*Talvez tenha vontade de se esticar um pouquinho e verificar se tudo está como antes. Se quiser, você também pode permanecer mais um pouco assim.*
*(intervalo)*

**A:** Isso me fez muito bem.

**B:** Fico feliz com isso. Agora, vamos ouvir tudo mais uma vez e mostrar os modelos de linguagem utilizados.

Começamos com o que chamamos de leitura de pensamentos no metamodelo. Aqui, isso significa descrever para o nosso parceiro o que ele vivenciou, isto é, **leitura de experiências**. Primeiramente no presente real. Aqui, acontece um **ajuste** das palavras ao atual mundo de experiências do ouvinte.

*Nesse local, você está dispondo do seu tempo para ouvir. Você sabe que dia é hoje e que horas são.*
*Você está vendo o que está à sua volta.*
*Você ouve a minha voz.*
*Pode ser que um ou outro pensamento a acompanhe.*
*Nós nos encontramos aqui para seguirmos juntos por um caminho. Talvez você esteja sentindo o seu corpo e a sua respiração.*

**A:** Você passou por diversos **canais sensoriais**, começou com percepções externas e lentamente passou para as percepções e os pensamentos internos.

**B:** Para complementar isso, podemos ligar as diferentes frases por meio de **palavras de ligação** como "e", "enquanto", "depois de", "antes de", "no entanto" e tornar afirmações inseguras relativas com palavras como "talvez", "possivelmente" e "ou não". O maior número possível de afirmações deve encontrar confirmação junto ao ouvinte.

*Enquanto você continua ouvindo a minha voz e percebendo a sua respiração, possivelmente também tem vontade de sentar-se de forma mais confortável ou até mesmo de deitar-se. E talvez lhe faça bem relaxar dessa forma.*

**A:** Percebi, novamente, como a leitura de experiências vem **de fora** para mais tarde ir **para dentro**, isto é, tocar sentimentos internos.

**B:** Passamos do simples ajuste ao já conhecido para o **guiar** de experiências não percebidas até agora. Aqui, tudo depende se isso está de acordo com a vivência do ouvinte. Esse não sendo o caso, e muitas vezes reconhecemos isso em reações sutis, retornamos ao ajuste. Portanto, reagimos de acordo com o ***feedback*** não verbal do parceiro. Assim, o ajustar e o guiar se alternam constantemente.

*Assim, você pode sentir o contato com o assento ou com o chão. Você sente a temperatura que a cerca.*

*Só você sabe como é essa sensação e se há uma área de seu corpo que ainda gostaria de ocupar um pouco mais de espaço.*

**B:** Acrescentamos outras formas de linguagem conferindo sentidos positivos àquilo que está sendo vivenciado e elaborando efeitos desejáveis.

**A:** De acordo com o metamodelo, isso é **conferir sentido** e a **relação causa e efeito.**

**B:** *É bom dar atenção a todas as suas sensações porque isso significa que elas são importantes para você e que cresce uma confiança gentil entre o seu espírito e as suas sensações.*

*Não precisa fazer nada mais que simplesmente perceber o que está dentro de você porque assim vai relaxar com mais facilidade.*

**A:** Aqui, entraram outras formas de linguagem.

**B:** A transmissão de **possibilidades** e de **permissão**. Palavras como "poder", "permitir", "não precisar mais" etc. No metamodelo, essa era a categoria da necessidade-impossibilidade.

Continuando, vemos que agora também há **pressuposições**, isto é, pressupõe-se de diversas formas que determinadas afirmações sejam verdadeiras ou que determinados acontecimentos possam ocorrer.

*Não precisa fazer nada mais que simplesmente perceber o que está dentro de você porque assim você vai relaxar com mais facilidade.*

*Não importa o tipo de relaxamento mais racional, você pode permitir-se seguir sorrindo por este caminho e continuar descobrindo como sorrir pode ser um estado natural de sua personalidade. Como já foi em outras épocas.*

*Minha voz continua acompanhando você...*

*E cada respiração a nutre em seu caminho que leva ao centro, lá onde você está em harmonia com você mesma.*

**A:** As formas de linguagem se alternam e se entremeiam. Estou descobrindo novas categorias:

**Conceitos universais:** tudo, sempre, todos.
**Comparações:** mais, mais profundo, melhor, mais fácil.
**Nominalizações:** centro, confiança, estado, relaxamento, harmonia.
**Partes da personalidade:** o consciente, o inconsciente, corpo, índole.

**B:** Estou espantado com as coisas que você percebe, Ana, até mesmo de modo mais diferenciado que o expresso pelo metamodelo, porque de acordo com ele, partes da personalidade entrariam na categoria nominalizações. Vamos ao próximo parágrafo.

*Talvez você esteja se sentindo diferente agora e isso é um bom sinal porque sempre que estamos a caminho das nossas fontes, a paisagem muda.*

*Pode ser que a sua respiração fique mais profunda, o seu corpo mais livre e o seu espírito mais aberto. Às vezes, acontecem várias coisas juntas.*

*Cada célula de seu corpo está convidada a participar porque não muito longe dali está aquele lugar esperando por todos. Hoje mesmo, porque algo dentro de você quer levá-la para esse lugar e eu me pergunto se lá no fundo você permite isso hoje...*

*Perguntas que são respondidas internamente também fazem parte do guiar e, a partir das reações externas, elas até mesmo nos mostram onde o nosso parceiro se encontra a nível interno porque só conseguimos guiar mantendo contato e nos ajustando constantemente à vivência do parceiro.*

**A:** Quem guia aqui, você ou eu?

**B:** Essa é uma boa pergunta. Para ambos é um **guiar** e um **seguir**.

**A:** Você ainda usou outras formas de linguagem: **figuras de linguagem** e **parábolas** e **metáforas** como o "caminho para a fonte", "a paisagem que muda" e "levar para um lugar".

**B:** E o que mais você reconheceu como vindo do metamodelo?

**A: Palavras referenciais não específicas** e **verbos não específicos**: "algo dentro de você", "coisas que acontecem", "convidar", "guiar", "mudar".

*Você continua sentindo a sua respiração e cada inspiração ou expiração é um suave passo em direção a essa fonte. A cada inspiração você recebe mais energia e a cada expiração elimina aquilo que não precisa mais.*

*Dessa forma, você pode largar cada vez mais coisas, ir mais longe, chegar mais perto e saber que aqui você está segura e protegida e perceber os sinais da fonte, quem sabe um símbolo, o ruído da água ou uma cor.*

*Você pode, simplesmente, pedir que o seu interior lhe mostre o que ele quer-lhe mostrar.*
*É bom receber de dentro porque, de lá, vem o que há de mais íntimo.*
*Para nós, o interior é como um velho amigo ou uma velha amiga.*
*Assim, chega a hora de você chegar nesse lugar, de entrar em contato com essa fonte, independente de como você a encontrar. Tudo o que você precisa para isso é um sim para si mesma, para o seu ser e quando você sentir esse sim dentro de si, você terá chegado.*
*(intervalo um pouco mais longo)*
*Você pode absorver o que está lá para você.*
*Trata-se de uma água especial? De um símbolo ou uma luz?*
*Ou de algo bem diferente?*
*Possivelmente aqui também há sons.*
*(intervalo)*
*E tudo o que você tem a fazer é simplesmente absorver.*
*Cada célula de seu corpo pode regenerar-se. O tempo lhe pertence.*
*(intervalo um pouco mais prolongado)*

**B:** As formas de linguagem também chegaram juntas.

**A:** Foi muito bom para mim quando você fez alguns **intervalos** mais longos. Assim, eu tive tempo de internamente fechar todos os processos à minha maneira e você percebeu direitinho quando estava na hora de continuar a falar.

**B:** Esse é o segredo desse trabalho, além daquelas formas de linguagem que criam o espaço interno.

**A:** Ainda há mais algumas formas de linguagem como as **omissões puras**: "largar", "admitir", "aproximar-se" e **lugares comuns** sobre a vida: "é bom receber as coisas que vêm de dentro", "o tempo lhe pertence".

**B:** Após a ida e bastante tempo para juntar as experiências, acompanhamos o **caminho de volta** de forma parecida. Esse, porém, em geral, é mais curto que o caminho de ida, uma vez que já se passou pelas experiências descritas na direção contrária.

*Aos poucos a sua permanência nesse lugar termina.*
*Está na hora de se despedir.*
*Você pode sentir a energia que está levando consigo. E independente de qualquer coisa, você sempre terá a certeza de poder voltar para cá para vivenciar algo muito pessoal. Você conhece o caminho.*

*Você também conhece o caminho para o mundo externo, o caminho que está seguindo agora.*
*Você sente a sua respiração e as sensações no seu corpo e também se conscientiza, cada vez mais, em relação à minha voz que a acompanhou esse tempo todo. Talvez você tenha vontade de se esticar um pouquinho e verificar se tudo está como antes. Se quiser, também pode permanecer mais um pouco assim.*
(intervalo)

**A:** Agora estou entendendo como podemos falar assim e qual a diferença para a fala "normal". Claro que havia uma quantidade muito grande de formas de linguagem. Vamos lembrar cada uma delas mais uma vez na ordem em que apareceram nos exemplos.

**B:** Aqui estão elas:
- Leitura de vivências e leitura de pensamentos:
Você vê, ouve, sente, vivencia, percebe...
Primeiro, as percepções externas e depois os sentimentos de estados internos.
- Conferir significado:
E isso significa, isso quer dizer...
- Causa e efeito:
Por isso, isso provoca, tem por conseqüência.
- Pressuposições:
Se dessa ou daquela forma, mais cedo ou mais tarde.
- Conceitos universais:
Cada respiração, sempre, todos os tempos.
- Possibilidade, permissão:
Você pode permitir-se, não precisa.
- Lugares comuns:
Assim é a vida. Muitas pessoas são assim.
- Nominalizações:
Amor, compreensão, liberdade, felicidade, disposição, experiência, problema, solução.
- Verbos não específicos:
Isso se desenvolve, você descobre, vivencia...
- Partes não específicas da frase:
Certas coisas, algo dentro de você.

- Omissões da comparação:
  Melhor, mais amplo, mais profundo.
- Omissões:
  Você pode largar... ter esperança... começar.

**A:** Acho que a partir de agora vou estar bem mais sensível em relação à forma como outras pessoas se expressam – e também quanto ao modo como eu mesma o faço.

## 5 Metáforas e Histórias

**A:** O que eu gosto mais, Bernardo, é quando posso expressar alguma coisa em sentido figurado numa metáfora ou história. É como se a criança em mim ficasse mais viva de repente. Eu gostaria de saber mais sobre isso.

**B:** Conseguimos expressar quase tudo de diversas formas, diretamente e de modo concreto ou indiretamente usando figuras de linguagem ou parábolas.

Uma forma toca mais o nosso lado racional fornecendo informações claras e conscientes e, a outra, toca o nosso imaginário, os nossos sentimentos e os nossos processos inconscientes.

**A:** Alguns cientistas também conferem essas duas áreas, respectivamente, aos hemisférios direito e esquerdo de nosso cérebro.

**B:** Vou ilustrar isso um pouco:

Quando as pessoas falam, é como se elas iluminassem um terreno que antes estava no escuro. Algumas pessoas iluminam diretamente a área da vida que querem mostrar e descrevem o que há lá para ser visto. Elas descrevem a realidade. Às vezes, porém, essa luz não é suficiente para reconhecer o fundo das coisas e também pode acontecer que a quantidade de detalhes confunda o olho. Com que freqüência acontece não conseguirmos ver o que está bem à nossa frente porque a visão para as conexões, causas e efeitos nos está vedada? Por isso, pessoas sábias, quando falam das coisas da vida, gostam de criar um outro mundo, um mundo que vem do reino da fantasia e das memórias. Não se trata de qualquer mundo, pois é muito semelhante à realidade, mas só nos aspectos que devem ser mostrados e quando a luz da linguagem cai sobre estes alguns deles ficam muito mais claros e ainda podem ser vivenciados a partir de um outro ponto de vista.

**A:** Então, tudo o que reconhecemos no mundo imaginário, mais tarde, também percebemos no mundo real?

**B:** Essa é a questão, nós nos tornamos sensíveis às coisas que nos cercam e que observamos. Muitos povos passaram os seus conhecimentos sobre a vida de geração para geração sob a forma de histórias, fábulas, contos de fadas, mitos e, talvez, as formas escritas das religiões.

**A:** Eu não quero criar uma religião, mas eu gostaria de expressar muitas coisas de forma mais figurada.

**B:** Vamos juntar o que você quer expressar metaforicamente. Ao mesmo tempo, já vamos procurando algumas metáforas.

**A:** Por exemplo, eu quero dizer: "Sossegue".

**B:** Você sente o vento cessando aos poucos até que não sinta mais nenhuma brisa enquanto um laguinho brilha quieto sob o céu noturno? A superfície da água está tão lisa quanto um espelho e você consegue ver a sua imagem na água... (intervalo)

**A:** Isso faz com que eu me sinta estranhamente tranqüila, mas eu quero expressar mais ainda, como, por exemplo, "Ajude-se!"

**B:** Quando você está com fome, não adianta muito eu dar um peixe, o melhor mesmo é ensiná-la a pescar.

**A:** E, de outro lado, também é importante dizer: "Ajudem uns aos outros."

**B:** *Eu vi algumas pessoas sentadas em torno de uma mesa. Essas pessoas pareciam estar com muita fome apesar de haver uma grande panela de sopa no meio da mesa. De repente, vi qual era o problema delas. Cada uma tinha uma colher de sopa na mão, mas o cabo da colher era tão comprido que elas não conseguiam alcançar as suas bocas com essas colheres uma vez que os seus braços eram muito curtos. A partir de sua insatisfação, elas se hostilizavam. Na mesa, havia uma placa na qual estava escrito "O inferno".*

*Depois, vi um grupo de pessoas alegres sentadas em torno de uma mesa igual à primeira. Aqui, também havia uma panela de sopa no centro da mesa e as pessoas tinham colheres com cabos muito longos nas mãos, mas havia uma pequena diferença decisiva: cada uma delas levava a sua colher cheia à boca de outra pessoa e isso funcionava muito bem. Na mesa, havia uma placa na qual estava escrito "O Céu". (intervalo)*

**A:** Isso realmente é muito mais profundo que a simples descrição concreta. Aparentemente, conseguimos expressar tudo de forma metafórica.

**B:** Tanto quanto a sua capacidade de imaginação permite.

**A:** O que a palavra "metáfora" realmente quer dizer?

**B:** "Meta" é aquilo que está oculto, isto é, aquilo que superficialmente não conseguimos ver num acontecimento. Metáfora é uma representação figurativa do velado, uma parábola que permite visualizar ligações mais profundas.

**A:** Eu acho que há metáforas contidas em muitas formas de histórias.

**B:** Isso mesmo. Há a imagem para um estado, o ditado para um conhecimento de sabedoria, a parábola ou a história educativa, a fábula, o conto de fadas, a estória grande ou pequena, a viagem em transe ou a viagem do imaginário, mas também há a peça teatral e o filme. Rituais realizados por nós mesmos também fazem parte dessa lista.

***A:*** Rituais?

***B:*** São ações às quais conferimos um significado interno que ultrapassa a ação externa. Como exemplos, podemos citar o hasteamento de uma bandeira, acender as velas num bolo de aniversário e rituais de desenvolvimento pessoal fornecidos por sociedades, religiões e, naturalmente, por terapias modernas. Mas esse é outro tema que é muito abrangente.

***A:*** Você tem razão. Vamos continuar no reino da linguagem e das histórias e ouvir o que podemos expressar de modo metafórico.

***B:*** Estados, por exemplo.

***A:*** Que tal "estar curioso"?

***B:*** Como uma criança que pouco antes de receber seus presentes de Natal fica espiando pelo buraco da fechadura.

***A:*** Ou "relaxar".

***B:*** Acompanhar o movimento de uma pequena nuvem branca no céu azul que vem descendo aos poucos envolvendo e embalando num suave balanço.

***A:*** "Ter confiança."

***B:*** ...como uma criança que numa longa viagem de trem adormece nos braços do pai.

***A:*** E "estar em contato"?

***B:*** ...como um cavaleiro e seu cavalo que, reagindo rapidamente numa perfeita interação, vêm galopando por um estreito caminho na floresta.

***A:*** É interessante como cada estado pode ser descrito por meio de diversas metáforas enquanto cada uma dessas metáforas lhe confere traços bem individuais, uma qualidade especial que você expressa dessa forma.

***B:*** Não só estados podem ser expressos muito bem por meio de representações figurativas, as suas modificações também.

***A:*** Como posso mudar a disposição em relação a um mesmo acontecimento na minha imaginação?

***B:*** Faça virar dia ou noite, verão ou inverno. Talvez um temporal também ajude ou, quem sabe, uma determinada paisagem?

**A:** Eu gostaria de contemplar algumas experiências com um distanciamento maior.

**B:** Você pode voar lá para o alto como um passarinho e olhar a paisagem toda na qual também se encontram essas experiências. Você pode subir numa montanha e olhar tudo lá de cima ou você pode ver as coisas num vídeo que você passa numa pequena TV.

**A:** Acabo de me lembrar de mais uma coisa bonita: olhar tudo na bola de cristal de uma vidente. A propósito, também há coisas que eu quero deixar para trás.

**B:** Faça de conta que está num trem expresso que há muito deixou a estação e que agora, olhando para fora da janela, você vê passar relvas, florestas e cidades.

**A:** Às vezes, eu gostaria de saber o que se passa na cabeça do meu chefe.

**B:** Para isso, você só precisa colocar-se no lugar dele e olhar através do prisma dele. De acordo com um ditado indígena americano, nunca devemos julgar um índio antes de ter dado mil passos nos mocassins dele.

**A:** Eu quero lembrar algo que já passou.

**B:** Nesse caso, é bom retornar pelo caminho da vida ou até mesmo viajar numa máquina do tempo. Talvez você também ache a chave de um quarto especial ou um guia secreto interno.

**A:** Esse guia me interessa bastante e, por isso, quero entrar em contato com o meu interior.

**B:** Possivelmente, numa praia deserta, você irá encontrar uma pessoa que lhe é estranhamente familiar ou então encontrará uma fonte à qual fará uma pergunta ou então um animal ou um espelho falará com você...

**A:** Estou sentindo que metáforas podem descrever segredos e importantes experiências pessoais. Eu, por exemplo, muitas vezes, gostaria de chegar à essência de uma coisa.

**B:** Um pacote bem amarrado pode ser desembrulhado aos poucos, ou você prefere descascar as cascas entremeadas de uma determinada fruta?

**A:** Quero encontrar fontes de energia.

**B:** Como foi insinuado na viagem de relaxamento de antes, você pode refazer o caminho de um riacho até a fonte e beber da mesma, ou então mergulhar até o fundo para lá encontrar uma concha especial.

**A:** Como posso encontrar sabedorias escondidas de forma metafórica?

**B:** Você pode, por exemplo, abrir um livro velho em qualquer página e ler nele ou você pode perguntar a um oráculo, uma árvore, um sábio...

**A:** Você tem uma imagem para o que significa crescer e se desenvolver?

**B:** Estou pensando numa árvore com grandes e profundas raízes e um tronco forte o qual abre a copa para o céu.

**A:** A propósito, estou com vontade da aprender a tocar violino.

**B:** Isso quer dizer que você quer tocar as cordas da sua vida.

**A:** Estou percebendo que essas metáforas não descrevem apenas estados mas completos processos internos. Ao acompanhar as imagens delas, acontece algo dentro de mim e alguma coisa a qual eu nunca teria chegado a nível racional me é dada de presente. Mas, para isso, posso utilizar muito mais tempo ainda e é esse tempo que eu estou me dando de presente hoje à noite.

**B:** Existem parábolas que nos acompanham através dos anos.

**A:** Agora, estou curiosa para ver quais os símbolos que aparecem mais em todas as metáforas. Eles poderiam ajudar-me a desenvolver minhas próprias parábolas e colocar as minhas próprias experiências de vida em palavras.

**B:** Existe uma gama de símbolos que estão profundamente enraizados em nosso mundo de experiências. A maior fonte de descrições metafóricas é e sempre vai ser a natureza:

Há as diversas plantas com suas flores e seus frutos; há a árvore, a floresta, a montanha, o vale, a grama, o sol, a lua, a terra, o rio e o mar, as horas do dia e as estações do ano, todas as manifestações meteorológicas, o fogo, a terra, a água e o ar.

E, naturalmente, os animais: a cobra, a raposa, o urso, a águia, o ganso, o sapo, o golfinho, o leão, o cavalo...

Todos eles simbolizam determinadas qualidades que pessoas diferentes entendem de forma parecida. A eles também se juntam todas as coisas que o ser humano criou.

A casa, o caminho, a ponte, os muros, os túneis, os poços, a torre, o carro, a chave, a espada, o ouro e a prata, o pão e o vinho.

E todas as posições sociais:

Reis, príncipes, princesas, camponeses, soldados, juízes, bruxas, caçadores, palhaços, feiticeiros, criança, herói, sábio. Dentro de nós encontramos corpo, alma e espírito.

Mas ainda existem muitas outras presenças que vivenciamos interna ou externamente em nossa condição de seres humanos:

Chamamos de eu superior ou de anjo da guarda àqueles que nos ajudam e nos guiam. De demônios, vampiros ou almas desgarradas aos que nos ameaçam. Elfos, gnomos ou sereias aos que nos mostram mundos misteriosos. Podemos incluir todo o reino da antiga mitologia com os seus deuses e semideuses ou ainda os mundos simbólicos do tarot e da astrologia.

**A:** Qual o significado de cada um desses símbolos?

**B:** Em caso de dúvida, aquele significado que eles desencadeiam em você e isso acontece freqüentemente a nível inconsciente de modo que o racional, inicialmente, não recebe uma resposta clara. Mas existem significados já consagrados que podem ser dados aos diversos símbolos.

**A:** Vamos juntar alguns exemplos.

**B:** Há a árvore que incorpora o crescimento e a condição de ser um corpo. A partir dela, um pássaro branco alça vôo para a liberdade indo à procura de alguma coisa. O pássaro sobrevoa uma montanha que está sendo escalada por um homem. Tarefa árdua, mas, ao chegar lá em cima, ele vivenciará a visão ampla que lhe é oferecida, ou então irá fazer uma fogueira que simboliza a energia da alma, a purificação e a transformação.

Lá embaixo, no vale, corre um rio, como corre o fluxo da vida, chegando até o mar onde desemboca na origem da vida e flui de volta para a grande unidade carregando dentro de si, como toda água, nossa energia psíquica inconsciente.

**A:** No interior da montanha, talvez exista uma caverna na qual, em tempos remotos, aconteciam nascimento e morte. Mas pode ser que a entrada para a caverna esteja trancada por uma grande rocha ou outro obstáculo qualquer.

**B:** E há a mata nas encostas que abriga o inconsciente, mas que também pode carregar diversos perigos. Mais perigoso, porém, é aquele abismo do outro lado – e somente o pássaro branco não é afetado por ele.

**A:** Estou imaginando terra fértil em todo o vale – a terra materna que traz transformação e crescimento. Talvez algumas pessoas tenham feito um jardim, um ambiente pessoal pelo qual elas são responsáveis, e que cresce e floresce, e há relvas que transmitem bem-estar e vida original.

**B:** O pássaro branco voa para muito mais longe. O que será que ele está procurando? Ele até mesmo atravessa um deserto onde moram a solidão e a paralisação, um local que é uma alerta para muitas pessoas. Então, aparece o verde novamente e tudo fica mais movimentado e o pássaro pousa em cima de uma determinada casa a qual talvez corresponda à estrutura interna de uma pessoa.

**A:** Nessa casa, mora uma criança que incorpora todas as possibilidades criativas da vida e da nova consciência e também há um guarda-roupa que abriga as possibilidades de transformação, os papéis e as máscaras da vida.

**B:** Lá, também se encontra um homem desconhecido que traz dentro de si a energia masculina propulsora que ainda não foi desvendada e, por isso, talvez seja assustadora.

**A:** E uma mulher desconhecida que traz dentro de si a energia feminina propulsora. Ainda vejo mais uma pessoa que não é nem jovem nem velha, não é masculina nem feminina – talvez seja uma feiticeira que sabe integrar os opostos num novo nível de consciência. Em suas mãos, ela segura uma bola de cristal que organiza, purifica e reúne tudo.

**B:** Eu vejo todas essas pessoas dançarem juntas expressando a sua energia física e se mantendo em movimento. Só uma pessoa está parada a uma certa distância observando tudo. É a morte, o símbolo da transformação, da mudança e de uma nova fase de vida.

**A:** Em frente a essa casa, há um poço que vai até uma fonte subterrânea. Quem tomar a água desse poço experimentará o fortalecimento e a purificação do inconsciente.

**B:** E no sótão está um livro especial que transmite saber oculto e mudanças naturais de consciência. Além do mais, há escadas especiais nessa casa. Aquele que subir por elas degrau por degrau irá conscientizar-se, cada vez mais, em relação a muitos aspectos de sua vida. Aquele que descer por essas escadas estará procurando antigas experiências escondidas ou entrará num estado de transe mais profundo. Bem no alto entra muita luz na casa acompanhando a conscientização.

**A:** Estou vendo que essa casa pertence a uma pequena cidade – símbolo da sociedade – e a cidade está aos pés de um castelo fortificado que dá aos moradores da cidade segurança e firmeza. Em situação de perigo, todos os moradores se encontram aqui onde conseguem defender-se bem. Eles possuem lanças que simbolizam as suas virtudes. O castelo também é inatacável porque foi construído numa rocha a qual incorpora a estabilidade inabalável.

**B:** Mas nem todas as pessoas moram lá. Muitas estão em trânsito, algumas estão fazendo uma viagem, a viagem de sua vida ou à procura daquilo que realmente é valioso. Talvez seja uma peregrinação dedicada à procura pelo próprio Eu. Outras pessoas talvez estejam num labirinto onde se deparam com a impotência, a confusão e problemas. E em outra parte ainda há alguém que se encontra numa encruzilhada tendo que tomar uma importante decisão em sua vida.

**A:** Eu ainda vejo mais pessoas fazendo outras coisas. Elas se banham num lago e eu acho que isso lhes traz purificação e renovação. E ali elas se reúnem num círculo e vivenciam a coincidência e talvez também a fé e a esperança. Duas pessoas, porém, estão afastadas. Elas estão dos dois lados de um rio, gritam e gesticulam, mas não conseguem se entender. Isso continua por algum tempo, mas aos poucos elas constroem uma ponte que simboliza a comunicação e a integração.

**B:** Assim, o ciclo de nossa vida está cheio de símbolos que desencadeiam em nós significados originais como se fossem placas indicadoras para determinadas experiências e, esses símbolos, passam de geração para geração.

**A:** Os símbolos que citamos são muito antigos. Na nossa época, certamente surgiram algumas coisas novas.

**B:** Muito menos do que poderíamos imaginar. As fontes antigas estavam mais próximas à essência da vida, mas o novo mundo de símbolos oferece muita coisa na área das ferramentas e dos meios de locomoção:

Máquina, câmera, computador, foguete, submarino, nave espacial, avião, robô. Do reino da ficção vêm os ufos e os extraterrestres ou mutantes, os super-homens ou homens-aranha.

Diversas formas da psicoterapia criaram novas entidades internas:

O consciente, o inconsciente, o Isso, o Eu, o Eu Superior, a criança interior ou, simplesmente, uma parte ou outra.

E naturalmente existem novos papéis sociais:

Príncipes e princesas, hoje em dia, são estrelas e modelos. Heróis são aqueles que vencem nos Jogos Olímpicos. Vilões lidam com plutônio, seqüestradores e drogas. Político, agente de serviço secreto, gerente, executivo e colaborador são profissões novas. Outros papéis sociais do mundo moderno são: O Chefão, o pequeno burguês, Amélia ou João Ninguém.

**A:** Para o bom e o mau, o sábio e o burro, o fraco e o forte, o poderoso ou o não poderoso, a nossa época tem uma série de novos símbolos que são apresentados de forma muito eficiente na mídia.

**B:** Na qual, infelizmente, só raras vezes há um caminho para os verdadeiros processos de aprendizagem individual.

**A:** Como encontro esse caminho?

**B:** Vou colocar isso numa metáfora:

Imagine que cada um de nós tenha ganhado um jardim da natureza. Um jardim muito rico e frutífero, mas que requer cuidados e atenção. No entanto, muitas pessoas só conhecem uma pequena parte de seu jardim da qual cuidaram da melhor forma possível, até mesmo exagerando com os cuidados fazendo com que algumas das plantas não conseguissem crescer em paz ou, então, arrancando-as como ervas daninhas.

E mesmo encontrando muita coisa boa nessa parte conhecida de seu jardim, as pessoas continuavam insatisfeitas porque lhes faltavam as frutas e diversas flores bonitas das quais ouviram falar, mas que não encontravam em seus jardins. Por isso, foram procurar o conselho dos contadores de histórias de jardins e, dependendo dos diversos contadores que procuraram, descobriram coisas interessantes.

Uns trabalhavam com placas de pedra e lhes disseram que seria muito importante fazer um jardim com muitos caminhos de placas de pedra e que era proibido pisar fora das placas.

Outros trabalhavam com holofotes e lhes disseram que seria muito importante manter o jardim iluminado dia e noite porque tudo dependeria de observar tudo e saber de tudo. Outros, ainda, trabalhavam com frutas e disseram que seria muito importante comprar as fruteiras que estivessem faltando. Quanto mais, melhor.

Certo dia, apareceu uma contadora de histórias que não trabalhava com nada específico. Em compensação, ela conhecia muito bem o seu jardim, até mesmo os cantinhos mais afastados. Isso não tinha acontecido de um dia para o outro, mas ao longo de muitos anos durante os quais encontrara muitas frutas e flores muito bonitas que lhe davam um sorriso caloroso e brilhante. Ela falou da beleza e da riqueza de cada um dos jardins.

Quando as pessoas a ouviam era como se também encontrassem novos caminhos em seus próprios jardins. Talvez nem mesmo eram caminhos novos, mas caminhos muito antigos que já haviam esquecido. E as pessoas descobriram as suas próprias frutas e a sua própria beleza.

Muitas pessoas se perguntavam como essa mulher conseguia esse efeito.

**A:** Eu pensei que você fosse me contar o segredo. Em vez disso, você está me fazendo uma pergunta.

**B:** Às vezes, perguntas são as melhores respostas.

**A:** Bem, então vou procurar as respostas dentro de mim mesma e, quanto a essa mulher... Talvez ela cause este efeito porque realmente incorpora o que fala ou porque acredita no belo jardim dentro de cada pessoa ou porque não tem segundas intenções.

**B:** Mais tarde, descobri mais coisas a respeito dela.

Em algum momento de sua vida, essa mulher aprendeu a arte de fazer perguntas e ouvir. Assim, ela encontrava as palavras certas para cada pessoa. Seu ponto de partida era o familiar e o conhecido para a outra pessoa e o que ela havia descoberto. Mas ela descrevia isso com novas palavras transportando tudo para um outro mundo, para o mundo da imaginação.

Uma vez ela falava de antigas culturas, da natureza, de destinos de outras pessoas e às vezes de si mesma. Ela sempre falava também daqueles com os quais estava conversando e estes muitas vezes só percebiam isso muito mais tarde. Mas naquilo que contava ela sempre avançava um passo pequeno ou grande para dentro de território desconhecido. A parte familiar do jardim sempre era o ponto inicial a partir do qual ela guiava os seus ouvintes para dentro dos domínios nos quais, até então, não tinham tido a coragem de pisar, mas no reino da fantasia isso tinha passado a ser possível.

**A:** Ah, ela dominava a arte de ajustar e guiar que já conhecemos no Modelo de Milton.

**B:** Em sua forma mais racional. Ela guiava as pessoas através de suas convicções restritivas adquiridas em algum momento de seu passado e também através de inseguranças e medos – e tudo isso numa atmosfera de aceitação e de confiança.

**A:** Por trás disso, reconheço um **princípio para o trabalho terapêutico ou de consultoria** com pessoas. Podemos resumir isso em outras palavras?

**B:** Talvez assim: **Primeiro**, descubro o que a outra pessoa está vivenciando, como ela pensa e como é a sua vida. O caminho para isso é perceber, perguntar, ouvir e verificar constantemente se entendi direito.

**A:** Na segunda parte de nossa viagem, aprendemos como perguntar.

**B:** Isso mesmo. **Em segundo lugar**, encontro um mundo figurado para o qual posso passar tudo isso. Um mundo fantasiado ou lembrado que é bem diferente, mas que corresponde à vivência do cliente.

**A:** Corresponde pelo fato das situações e das pessoas com suas ações serem curiosamente parecidas com aquelas que o cliente conhece de sua própria vida.

**B:** **Em terceiro lugar**, temos que descobrir o que ficou oculto na vida do cliente, o que o impede de se desenvolver e qual parte de seu jardim ainda não foi vista por ele. Descobrir exatamente isso é o conteúdo da estória.

Talvez os heróis desse mundo de fantasia precisem ter determinadas experiências específicas, talvez lhes aconteçam alguns milagres ou eles descubram novas habilidades. Em algum momento, superam as restrições existentes e, assim, também mostram soluções para a problemática original do cliente.

**A:** Eu acho que muitas vezes é importante que este caminho passe por áreas que o cliente vinha evitando por temê-las, ou nas quais ele nem mesmo ousava pensar. Áreas as quais agora aprende a reconhecer e vencer na estória.

**B:** Ou são evidenciados desenvolvimentos que uma pessoa pode prevenir a tempo. Para isso, numa estória, são representados grandes e pequenos prejuízos e catástrofes nos quais resultaria o comportamento dos participantes se estes não mudassem os seus posicionamentos e comportamentos. De acordo com isso, a sua interação desemboca em **catástrofes que curam**, mas que depois se transformam em fontes de reflexão, de um novo começo ou de transformação.

**A:** Já houve várias peças teatrais ou filmes nos quais me identifiquei fortemente com um personagem e, dessa forma, encontrei novos caminhos, soluções e idéias. A tensão fazia parte disso.

**B:** Desde a época dos dramas da antiguidade, esse certamente é um importante princípio da arte e decerto há, além dos temas individuais, muitos que se referem a um número grande de pessoas, talvez até a toda uma cultura. Eu acho que há áreas de nosso jardim nas quais quase todas as pessoas de nossa cultura não ousam entrar ou que esqueceram. Em contrapartida, há experiências pelas quais muitas pessoas de uma cultura passam de forma parecida no decorrer de seu desenvolvimento.

**A:** Você conta mais uma estória, Bernardo?

**B:** Uma que também pode ser bem dramática?

**A:** Claro, isso faz parte, mas ela tem que ser bonita.

**B:** Especialmente para você, Ana?

**A:** Especialmente para mim, não, mas também para mim e para toda a nossa cultura. De preferência, uma estória sobre o amor ou sobre a beleza.

**B:** Ou sobre ambos?

**A:** Isso seria muito legal.

**B:** É exatamente esse tipo de estória que tenho para finalizar.

*Queridos leitores e queridas leitoras, ponham-se confortáveis e ouçam o que aconteceu naquele tempo.*

*Há muito tempo, na antiga China, morava o pobre músico Trojano numa pequena cidade aos pés do palácio real. Ele sabia tocar muitos instrumentos e também cantava, mas a música de sua flauta era a mais encantadora de todas.*

*Trojano não era só pobre, mas também não tinha uma estatura vistosa. Apesar de ter olhos muito bonitos e um rosto muito meigo, de natureza era baixo e corcunda, além de mancar ligeiramente. Em função dessas deformações físicas, ele tinha vergonha de sair de casa durante o dia, mas assim que caía a noite pegava a sua flauta e andava pelas ruas da cidade tocando as mais lindas melodias. As pessoas abriam as suas janelas, ouviam a sua música e lhe jogavam diversos presentes.*

*Em algum momento, o músico também começou a rodear o palácio real tocando a sua música. No palácio, viviam o rei, sua esposa e sua lindíssima filha, Orvalho da Lua, mas todos ficavam tristes quando pensavam em Orvalho da Lua porque aquela que mais tarde deveria usar a coroa do reino havia ficado cega ainda criança. Agora, ela já estava com 20 anos e mais bela do que nunca. Apesar de sua cegueira, muitos reis e cavaleiros disputavam a sua mão, mas nada disso a interessava e ela passava a maior parte do tempo sozinha em seus aposentos que sempre estavam iluminados e cujas janelas davam para a rua que levava à cidade. Geralmente, ela estava perdida em pensamentos.*

*Certo dia, porém, a sua janela estava bem aberta para deixar entrar o ar fresco, quando ela ouviu, pela primeira vez, o pobre músico tocando a sua flauta enquanto passava lentamente aos pés do palácio. Ela estremeceu ligeiramente e para poder ouvir melhor ficou em pé junto à janela. Lá, Trojano também a viu e estremeceu ligeiramente. Ele parou e sentiu aflorar muitas melodias delicadas dentro de si que se manifestaram em sua flauta.*

*A princesa ficou profundamente tocada e era como se ela sentisse internamente o jogo de muitas cores maravilhosas. Depois de algum tempo, o músico seguiu o seu caminho porque não ousava deter-se muito tempo perto da janela da princesa.*

*Na noite seguinte, à mesma hora, ele novamente passou por lá e novamente viu a princesa toda vestida de branco sentada à janela aberta, como se já o estivesse esperando.*

*Ela realmente estava esperando por ele e o seu coração bateu forte quando ouviu a música se aproximar. Quando o músico quis afastar-se novamente, ela tomou coragem e pediu: "Não vá embora ainda. É tão maravilhoso ouvir a sua música. Eu sinto como se pela primeira vez uma pessoa está aproximando-se de mim. Por favor, fique mais um pouco!" E Trojano continuou tocando a sua flauta.*

*Mais tarde, ela perguntou pelo seu nome e disse como seria bom poder vê-lo, porque ele deveria ser uma pessoa muito bela. Trojano calou-se ao ouvir essas palavras, mas, noite após noite, ele voltava lá conversando muito nos intervalos entre as músicas. Às vezes, ele cantava e, às vezes, ela também cantava.*

Chegou o momento em que a princesa confessou amá-lo de todo coração. Ele não conseguia entender isso, mas também se sentiu ligado a ela de uma forma que nunca antes experimentara. Eles falavam sobre muitas coisas da vida e também sobre a esperança de Orvalho da Lua de um dia poder ver novamente, mas ele nunca falava de suas deformações.

Passaram-se muitos meses quando, certo dia, a princesa estava muito alegre e feliz sentada à sua janela. Mal ele chegara perto, ela falou: "Meu amado, as minhas preces foram ouvidas. Os meus pais encontraram um sábio médico na Índia que pode curar a minha doença. Trata-se de uma operação especial. Esse médico já ajudou muitas pessoas. Amanhã cedo vou viajar com meus serviçais para a terra distante onde se encontra esse médico. Levará um mês para eu chegar lá, um mês ficarei com o médico e preciso de mais um mês para a viagem de volta. Então, iremos reencontrar-nos. Eu estou tão feliz, meu querido, porque quando eu voltar quero que seja o meu marido."

Sem palavras, Trojano olhou para cima tocando mais uma vez todas as suas melodias que também haviamos se tornado as melodias dela. Depois, despediram-se com um leve sentimento de pesar e ele lhe prometeu acompanhá-la em pensamento na sua grande viagem e desejou-lhe tudo de bom para a operação.

No dia seguinte, a janela da princesa ficou escura. Ela já havia viajado, mas o músico passava por lá, noite após noite, e tocava suas melodias com um sentimento melancólico.

Passou-se um mês, depois o segundo e o terceiro. Cheio de saudades, mas também de ansiedade, Trojano passava pelo palácio, noite após noite, tocando a sua flauta, mas a janela continuava escura. No quarto mês, ele começou a ficar preocupado. Teria acontecido algo com Orvalho da Lua? Será que a operação tinha sido bem sucedida?

Passou o quinto mês, e no sexto mês as melodias do músico estavam repletas de tristeza e saudade.

"Será que eu realmente desejei que ela recuperasse a visão e conseguisse me ver então?" ele se perguntava e se culpava por não lhe ter desejado sorte suficiente em sua empreitada. Ao final do sexto mês, ele só tinha mais um desejo em seu coração: que Orvalho da Lua voltasse curada de sua viagem, independente do que isso poderia significar para ele.

E, alguns dias depois disso, voltou a ter luz no quarto da princesa. Ele viu a luz de longe e seu coração bateu de tanta alegria e excitação. Foi-se aproximando, tocando as suas músicas. A noite estava escura, mas lá na janela aberta ele viu o vulto familiar de Orvalho da Lua.

Ela gritou para ele: "Finalmente! Eu senti tantas saudades de você. Agora, meu amor, finalmente consigo vê-lo. Minha viagem demorou muito mais do que todos nós pensávamos, mas ela foi um grande sucesso. Eu consigo ver novamente como em minha tenra infância."

Ele tocou mais uma vez a música preferida dela, mas ficou mudo. Depois de algum tempo ela disse:

"Vem, meu amor, eu fiz uma corda de roupa de cama para você e vou jogá-la pela janela agora. Você pode subir por ela, porque eu quero vê-lo e abraçá-lo." E ela jogou a corda para fora, a prendeu no alto da janela e gritou novamente: "Venha!"

Devagar ele foi até a corda, a flauta presa no cinto, e começou a subir com uma certa dificuldade e um peso no coração. Ele dependia da força de seus braços, porque não podia contar com suas pernas as quais não eram suficientemente fortes para subir. Pouco a pouco, ele foi subindo e lá em cima ouvia a princesa cantarolar alegre. Ela estava cantando uma de suas músicas comuns. Agora, as suas mãos alcançavam o parapeito da janela e a princesa esticava suas mãos para ele. Ele pegou as mãos dela vencendo o último pedaço com mais facilidade. A luz do quarto caiu sobre o seu rosto e bem de perto ele viu os olhos brilhantes de Orvalho da Lua. Com um último esforço, o seu tronco também passou pelo parapeito da janela sendo iluminado pela luz do quarto. Então, ele viu como o olhar da princesa mudou de repente e como a sua boca se abria. Mais um esforço e as pernas definhadas também estavam em cima do parapeito da janela aparecendo claramente na luz do quarto.

Nesse momento, a princesa gritou assustada: "Hiii, você é feio" e soltou as suas mãos que até aquele momento ainda o estavam segurando. O seu coração parecia querer parar.

Ele perdeu o equilíbrio e mal conseguiu segurar-se com as suas pernas na corda improvisada enquanto deslizava em direção ao chão. Machucado e sentindo muitas dores, a flauta ainda presa em seu cinto, ele se arrastou para longe dali.

Lá em cima, no quarto, a princesa estava jogada em sua cama chorando copiosamente. Tudo parecia ficar escuro à sua volta e um profundo vazio interno foi-se espalhando. Aquela maravilhosa sensação ligada ao som da flauta parecia estar fugindo e, em seu lugar, espalhou-se uma sensação de dor dentro dela.

No dia seguinte, levaram-na à corte e ela viu o pátio interno todo enfeitado quando ia ao encontro de seu pai e de sua mãe no salão de recepção.

Mas todos ficaram muito tristes ao ver o rosto pálido e impassível da princesa a qual, apenas um dia antes, havia voltado radiante de sua viagem à Índia.

Hoje, estavam ali reunidos os mais nobres príncipes do país para dar-lhe as boas vindas e cortejá-la, mas ela quase não falou nada e nenhum deles ganhou a sua simpatia.

À noite, quando estava novamente sozinha em seu quarto, ela esperou em vão pela familiar música da flauta. Os seus pensamentos estavam cheios de preocupação com o destino de Trojano. Cada vez mais tinha consciência da imensa dor que devia ter-lhe causado. E ela percebeu que os seus sentimentos por Trojano não tinham-se apagado. Ao contrário. A imagem que ela tinha feito de Trojano em seus dias de cega não correspondia à sua real aparência externa. Agora, no entanto, estava rodeada de beleza e riqueza no palácio, mas mesmo assim ficava mais triste a cada dia que passava. Nada que os pais fizessem para animá-la adiantava.

No terceiro dia, a sua dor por Trojano era tão grande que ela resolveu pedir ajuda ao pai. Ela lhe contou toda a história e o pediu que fizesse de tudo para encontrar Trojano. O rei mandou procurar por toda a cidade e em outras partes do país, mas sem nenhum resultado. Desde aquela noite ninguém mais havia visto Trojano. Nenhuma pista. Após esses três dias, Orvalho da Lua sabia que só ela poderia encontrar Trojano. À noite, ela desceu pela corda improvisada de lençóis. Ninguém deveria vê-la. Ela atravessou a cidade deserta sem saber direito para onde os seus pés a carregavam.

Logo ela estava nos arredores da cidade andando por caminhos estreitos. A lua nova brilhava fraca, mas ela tinha a sensação de que poderia confiar em seus pés. De repente, ouviu bem ao longe o familiar som de uma flauta e continuou seguindo nessa direção, passando por uma relva e entrando numa floresta.

O som do instrumento ficou mais claro quando ela entrou na floresta escura onde a luz não alcançava. Seguindo o som da flauta, ela tateava o seu caminho seguindo as suas sensações como fazia quando era cega. O som ficava cada vez mais nítido e a floresta também já estava menos densa ali. A luz do luar reluzia entre as copas das árvores e ela viu um sem-número de flores que nunca antes havia visto. Parecia que as flores se movimentavam ao som da flauta e, agora, o som estava bem alto, bem perto. Mais um passo e chegava numa clareira rodeada por árvores da floresta. Ali, era o centro da música, mas não havia ninguém à vista. Havia somente uma belíssima flor vermelha no centro da clareira e por ela Orvalho da Lua sentiu-se atraída. Ela aproximou-se da flor e abaixou-se para sentir o suave perfume dela. Quando finalmente tocou a flor com os seus lábios, sentiu uma sonolência incontrolável e, deitando-se ao seu lado, adormeceu profundamente.

Aqui, no sonho, ela recebeu o seu amado totalmente e do modo que somente eles dois sabem. E era como se ela estivesse ouvindo uma voz interna lhe dizer: Somente com o coração você vê bem.

No dia seguinte, ela acordou quando o sol já estava alto. Ela sentiu-se realizada e completa como nunca antes experimentara. E abriu os olhos para olhar aquela flor e então se espantou ao ver que agora havia duas flores entrelaçadas como dois amantes.

*Orvalho da Lua entendeu que o seu amor havia se realizado, levantou-se alegre e voltou para o castelo onde foi recebida com alívio e espanto.*

*No final da tarde, vieram mais príncipes e Orvalho da Lua os recebeu alegre e espirituosa. Disseram que mais um estava esperando do lado de fora. Ele não havia anunciado a sua visita antes. Orvalho da Lua pediu que ele entrasse.*

*As suas roupas eram simples e o seu olhar era calmo e profundo. Ele andava ereto, só havia uma pequena insegurança no movimento de uma das pernas. No peito, trazia uma flauta. Orvalho da Lua olhou em seus olhos enquanto se levantava e lentamente caminhava em sua direção.*

*O que mais tem para contar? Ao contrário de Romeu e Julieta se tornaram um casal feliz e mais tarde deram ao país muito mais que suas melodias.*

**A:** Essa foi uma estória muito bonita. Eu até chorei.

**B:** Na verdade, é um conto de fadas.

**A:** Eu vou deixar tudo isso trabalhar em meu interior.

**B:** E, por isso, a nossa viagem termina aqui, no meio da vida. Foi muito bom interagir com você, Ana.

**A:** Foi bom poder fazer isso por vocês, leitores e leitoras.

**B:** Os nossos parceiros invisíveis, mas perceptíveis.

**A:** Construímos casas diferentes com os nossos tijolos lingüísticos.

**B:** E, assim, aprendemos uma porção de coisas sobre esses tijolos e a interação dos mesmos.

**A:** Muita coisa em mim se mexeu e está se reorganizando.

**B:** Em mim também.

**A e B:** Até logo.

**A:** E aproveitem bem as outras partes do livro. Em pensamento, estamos com vocês.

**B:** Talvez vocês ouçam as nossas perguntas e comentários internamente.

*Viagens Imaginárias*

*Fontes de energia*

Auto-integração

TRANSE

Jogo

*Descobrir*

*Parte IV*
*Para Dentro de Si*

# Para Dentro de Si

## 1 Viagens Imaginárias

Apresentamos, aqui, três exemplos do mundo inesgotável das viagens imaginárias. Esta parte do livro tem por objetivo servir como fonte de inspiração, enriquecimento e aprofundamento para as possibilidades lingüísticas apresentadas na terceira parte.

A primeira e a segunda viagem imaginária começam e terminam com uma fase de relaxamento baseada nos modelos lingüísticos do Modelo de Milton. O objetivo dessa indução é deixar os ouvintes num estado de profundo relaxamento e assim torná-los mais receptivos para a estória principal. A parte principal é uma estória metafórica especial que pretende transmitir processos de aprendizagem inconscientes e completos, novas idéias, experiências referenciais positivas e recursos.

Na terceira viagem imaginária, abrimos mão dessa preparação lingüística, uma vez que a mesma faz parte de um processo de integração representado fisicamente e preparado pelos próprios participantes e no qual o estado receptivo ideal foi alcançado de outra forma.

### A Primeira Viagem Imaginária: O Sonamuh

**Observações Iniciais**

A primeira viagem, "Sonamuh", é a transcrição de um seminário e surgiu dentro de mim a partir de uma idéia de Robert Dilts. Nela, vem representada uma outra visão da vida, do envelhecimento e daquilo que realmente pode significar o desenvolvimento.

**O Texto da Viagem**

*Você se encontra aqui no seu lugar... Você sabe que horas são... e você sabe que, ao final de um dia cheio, está na hora de se soltar e simplesmente estar aí..., como outros seres, talvez como a grama, a floresta e os passarinhos lá fora que simplesmen-*

te estão lá fazendo o que é bom para eles. Ao mesmo tempo, você se encontra segura em sua cadeira ou esteira e sente como o seu corpo está em contato com eles. Talvez você perceba onde estão as suas costas, ou as suas ancas ou para onde querem ir as suas pernas e você pode colocar-se bem confortável, sentada ou deitada... e agora as suas mãos, elas podem estar separadas ou podem tocar-se... e as suas pernas tocam o chão cruzadas ou esticadas... e essa voz monótona que fica falando, sempre usando palavras uniformes... intervalos entre as palavras... não é tão importante assim o que a voz está dizendo... porque é muito melhor poder soltar-se internamente, desligar... simplesmente estar aí... saber onde você está e o que há lá fora, talvez já tendo fechado os olhos, ou ainda não – e o que os seus olhos percebem? A semi-escuridão por trás dos olhos cerrados? Ou algo bem diferente?... Em algum lugar lá fora está o mundo... e você aqui no seu lugar... o seu corpo, a sua cabeça... os seus olhos... o seu peito... às vezes até podemos sentir-nos mais amplos e maiores... e, às vezes, com os olhos fechados, voltar nossa atenção para dentro de nós.

...Há um espaço lá que se estende quase que infinitamente ultrapassando as fronteiras do corpo, porque internamente o seu corpo só é sentimento... nuvens de sentimentos... e na sua cabeça, no seu peito... sem fronteiras demarcadas...

Sentimentos podem continuar infinitamente como se viessem do nada... e você ouve essas palavras. É um ouvir sem usar os ouvidos – e a penumbra agora é como ver sem olhos – e as sensações de seu corpo são como se não houvesse corpo... mas está tudo aí... porque se desfazem as fronteiras que se abrem para todos os lados. Lá fora está a outra vida, como a sua também, que continua e você sente que tudo está sendo cuidado e que você está abrigado e seguro aqui... porque é bom ter o mundo lá fora e é bom ter o mundo lá dentro e, quem sabe, até tenha um mundo entre eles, um espaço onde esses dois mundos se encontram. Você continua ouvindo as minhas palavras e você sabe como está o tempo lá fora – diversas vezes você já ficou sentada assim, perdida em pensamentos e algumas vezes você teria gostado tanto de fazer isso só por algum tempo. Como as estações do ano que têm os seus intervalos e sempre voltam novamente – a primavera ou o outono, o verão ou o inverno. Quantos anos você já viveu as estações do ano, algumas vezes de forma bem consciente, às vezes ficando muito ao ar livre carregando os seus sentimentos e, às vezes, se esquecendo da natureza, mal percebendo a mesma até que em algum momento ela estava lá, fresca, cheirosa e cheia de cores? Talvez isso não tenha acontecido somente em sua infância.

...Agora estou pensando na primavera. Ela tem o seu tempo e as suas qualidades e você também viveu a primavera aqui nesse país. Talvez você também a tenha vivido em outros países, ou talvez estivesse num país onde não há primavera... conhecer bem essas diferenças, aqui e ali, como a diferença de dentro para fora... porque dentro do corpo pode estar quente quando lá fora está frio, dentro pode estar seco quando lá fora está chovendo e, dentro, o seu espírito pode voar enquanto lá fora tudo permanece em seu lugar... Por isso, vou começar a contar de um a dez e quando chegarmos no dez, você está convidado a iniciar uma pequena viagem interna, para um lugar onde tudo é diferente, bem diferente daquilo que conheceu até agora. Agora, eu começo no um e a cada inspiração você saberá que está seguro em seu corpo... no dois, você pode largar tudo e ser simplesmente você mesmo... no três, cada palavra será mais um pedacinho de bem-estar...

...No quatro, você pode ser como uma criança que brinca numa manhã de primavera... no cinco, tudo ainda está fresco e lavado pelo sereno da noite... às vezes, há ruídos ao longe e tudo fica mais calmo... as palavras ficam mais lentas... no seis e sete, tem-se a consciência de que o sétimo dia, o domingo, é o dia do repouso sagrado e que cada sétimo minuto é um minuto de repouso, sete é um número que fica entre o interior e o exterior, entre a tranqüilidade e a tensão e com o oito a tranqüilidade vem novamente... e três vezes três é nove, um número arredondado que traz tranqüilidade e uma segurança maior... ao ouvir dez, simplesmente, deixe as coisas acontecerem. Dez...

...Enquanto as pessoas viviam as suas vidas na Terra, aprendendo, fazendo e descobrindo muitas coisas... já havia em um outro lugar totalmente diferente, num outro planeta, seres diferentes dos humanos. Esses outros seres eram altamente desenvolvidos e tinham uma inteligência extraordinária e estranha. Eles gostavam de explorar o mundo... e numa época em que os humanos ainda não sabiam de sua existência, eles visitaram a Terra em sua pequena nave espacial. Eles vieram observar a vida dos seres humanos e queriam aprender com eles algo que pudesse lhes ser útil para a sua própria vida e seu planeta... Eu não sei bem quando foi que pousaram aqui, talvez isso não tenha sido há tanto tempo atrás. As criaturas que saíram da nave olharam tudo e logo começaram a se espantar com a vida dos seres humanos. Eles reconheceram que estes eram criaturas muito espertas, trabalhadoras e interessantes que faziam coisas surpreendentes, mas também que alguma coisa na vida dos seres humanos estava errada. As criaturas de fora queriam muito aprender com os seres humanos, mas também queriam fazer direito o que estava errado com os seres humanos. Assim, ficaram o tempo de uma vida humana aprendendo com os homens, olhando o que lhes agradava e o que lhes fazia bem e, então, retornaram para o seu planeta.

Já na viagem de volta resolveram, em homenagem aos seres humanos, achar um novo nome para si. Eles se chamaram de Sonamuh, "humanos" escrito ao contrário e aí, exatamente, estava a grande idéia que levaram da Terra...

...Eles queriam fazer tudo o que faziam os homens, só que de trás para frente... e quando chegaram em seu planeta começaram a divulgar os seus novos ensinamentos e todos os outros moradores do planeta gostaram muito desses ensinamentos... E, assim, surgiu o planeta dos Sonamuh onde tudo acontecia ao contrário... e é muito interessante conhecer esse planeta. Nós, humanos, ainda não temos naves espaciais tão rápidas e não conseguimos ir tão longe, mas em espírito podemos fazer isso... e, exatamente dessa forma, podemos fazer uma pequena viagem retribuindo a visita dos Sonamuh e podemos imaginar como é fácil viajar internamente numa nave especial enquanto o nosso corpo permanece onde está, tranqüilo e bem cuidado. Agora, subimos na nave... tudo está preparado... e começamos a subir cada vez mais sabendo que tudo está sendo cuidado... mais alto... tão alto que as cidades, os vilarejos e as paisagens ficam lá em baixo... Da nave espacial podemos ver tudo... lá do alto... e é muito bom poder ficar voando assim e saber que o seu inconsciente conhece o caminho... é espantoso como é fácil... e como você vê a Terra cada vez mais distante lá embaixo.

Quando você olha para as coisas lá de cima, tudo na Terra parece ser muito pequeno e as pessoas com os seus problemas parecem ser muito parecidas umas com as outras – só lá embaixo há coisas que parecem ser muito diferentes. Olhando para as coisas dessa distância, há muita luz e também há sombra em todo lugar e todas as coisas se movimentam nessa luz e nessa sombra. Estamos nos afastando em direção ao planeta dos Sonamuh... É muito interessante conhecer um novo planeta... e talvez passe uma hora ou um dia, um ano, talvez muito mais... num vôo surpreendente... e então vemos ao longe um planeta azul como a Terra... familiar como a Terra.... Nós nos aproximamos desse planeta. Só pode ser o reino dos Sonamuh, todos sabem disso.... Descemos lentamente... mais... mais baixo... mais baixo... mais um pedacinho e chegamos... Você pode saltar e conhecer tudo... enquanto a voz de seu guia de viagem o acompanha... A paisagem aqui é verde e tudo está em flor, como a Terra talvez tenha sido em seus melhores dias.

Mas há algo totalmente diferente. No planeta dos Sonamuh, tudo acontece ao contrário de como acontece no planeta Terra... Estamos convidados a conhecer a vida dos Sonamuh.

Os Sonamuh nascem com a idade avançada, são muito velhos e fracos, não conseguem mais trabalhar e as suas famílias ou seus amigos cuidam deles de forma gentil e participativa. Lá estão os seus netos, filhos e bisnetos com os quais os Sonamuh passam os primeiros anos de sua vida. Então, ficam mais velhos e isso para eles é ficar mais jovem, ter mais força, conseguir movimentar-se com mais liberdade e eles conversam muito com outros Sonamuh. Eles já têm toda a experiência de vida e sabedoria de uma vida realizada... mas estão no mundo há pouco tempo. Eles apreciam o lazer e a beleza da noite, mas também a calma da manhã porque os dias também decorrem de modo diferente. Um dia começa à noite quando o sol aparece. Todos estão tranqüilos e aproveitando o tempo livre e então vem a tarde... a hora do almoço... todos já estão novamente fortalecidos para a manhã e, totalmente descansados, terminam o dia. Nisso, os Sonamuh ficam mais velhos a cada dia, isto é, mais jovens, e como passam a fazer cada vez mais coisas também participam cada vez mais da vida contando muitas coisas – e as suas palavras têm peso...

## A Linguagem da Mudança

...Às vezes, eles se calam e, simplesmente, refletem sobre a sua vida e o seu ser e ao envelhecer cada vez mais fazendo isso, chega a hora de começarem a trabalhar, exercer uma profissão, talvez aquela que já tenham exercido em toda a sua vida posterior. Os movimentos de suas mãos e tudo mais que fazem acontece de forma tão automática que eles quase não precisam pensar, tudo anda sozinho e é um prazer estar tão familiarizado com tudo. Eles são mestres, seus conselhos são procurados e eles sabem como são as coisas... Eles vivem com aqueles dos quais gostam... dividem o que têm entre si... e, então, os Sonamuh ficam mais velhos novamente, isto é, mais jovens... e vem o tempo em que a sua força de criação aumenta... o tempo em que realizam coisas que imaginaram fazer em algum momento de sua juventude, quando ficaram mais velhos ainda... As idéias que eles vivem talvez sejam únicas e cada Sonamuh tem uma contribuição própria para melhorar a vida no mundo... e faz isso de um modo único... e esse trabalho é muito útil – tudo fica novamente como sempre foi na natureza...

Às vezes, os Sonamuh podem estar totalmente absortos em seu próprio mundo e eles ficam mais velhos, isto é, mais jovens, e o seu espírito fica mais vivo e mais fresco. Eles têm muitas idéias e, às vezes, outros aplaudem quando eles anunciam as suas idéias e há ocasiões e locais nos quais se reúnem. Quando isso acontece, eles estão cheios de novidades e o mundo é muito excitante...

Com seus parceiros eles também vivem coisas excitantes e continuam ficando mais velhos, isto é, mais jovens e logo vem o tempo em que aprendem muito mesmo... com outros Sonamuh absorvem conhecimento, lêem livros e têm professores...

E todas as outras coisas na vida dos Sonamuh funcionam ao contrário. O meio ambiente também fica cada vez mais puro de forma milagrosa, o lixo é transformado novamente em matérias-primas e volta para as fábricas... e, nas fábricas, tudo é desmontado e separado... em peças componentes. Depois é levado de volta à natureza... A natureza fica cada vez mais viçosa e rica enquanto os Sonamuh ficam cada vez mais jovens... Até mesmo as guerras decorrem ao contrário de como acontece na Terra... inicialmente, talvez, haja casas destruídas, mas então as bombas saem de dentro delas, sobem e saltam para dentro dos aviões e estes retornam ao aeroporto... Carros vão pegar as bombas nos aviões e as levam para uma fábrica onde são desmontadas totalmente até retornarem ao estado de matéria-prima que é recebida novamente pela terra... E enquanto os Sonamuh ficam cada vez mais jovens, eles vivenciam a época de sua formação... mas, nessa época, também conseguem lembrar como foi quando eram mais novos, isto é, mais velhos, e já estavam em plena atividade profissional e sabiam tudo...

Agora, também é a fase mais fascinante para o sexo... talvez encontrem agora o parceiro com o qual partilharam toda a sua vida... ou, às vezes, se encontram em

## Parte IV - Para Dentro de Si

*camas estranhas experimentando as coisas... Os Sonamuh sabem o que é o certo para eles e se lembram dos tempos em que eram mais jovens, isto é, mais velhos... e a vida dos Sonamuhs continua e chega o tempo de escola e tudo que vivenciam é interessante e excitante, mas eles ainda têm a sábia experiência da idade à sua disposição... O mundo fica mais colorido e cheio de cores e é cada vez mais agradável brincar com outros Sonamuh... Todos os Sonamuh têm a mesma nacionalidade e falam a mesma língua. É a língua da brincadeira... todas as crianças a entendem porque sabem o que dá prazer... Assim decorre a vida dos Sonamuh... É uma vida cheia de espanto e curiosidade e cada dia é uma nova descoberta... o mundo ficou mais colorido e a natureza chegou mais perto. Eles andam por aí, escrevem e brincam e tudo parece muito intenso. Em casa, junto aos pais que ainda não estão nesse mundo há muito tempo, estão abrigados e recebem tudo de que precisam... Eles tratam os pais com respeito... e os pais tratam os filhos com respeito, porque eles precisam conhecer o caminho de vida que seus filhos percorreram e seguir o mesmo...*

*...Chega o tempo antes da escola quando só interessa brincar porque brincar é aprender e aprender significa ter prazer. E com as muitas coisas que podem ser aprendidas, pois o mundo é uma viagem de descobertas, os Sonamuh ficam mais e mais jovens... ficam pequenininhos e tudo à sua volta fica grande, tão grande que dá vontade de subir em tudo, talvez no braço de um Sonamuh mais velho ou se pendurar na saia da mãe ou bater nas outras crianças... e nisso vão ficando mais velhos, isto é, mais novos e vem o tempo maravilhoso na vida de um Sonamuh... o tempo em que eles simplesmente estão lá, brincam, andam, falam um pouquinho na língua dos Sonamuh que todos entendem... Eles recebem tudo que querem, o que precisam e aprendem a pedir... e ficam mais novos ainda, talvez agora estejam num berço ou nos braços de uma mãe e nos braços de um pai e vão ficando menores...*

*...E eles se espantam com a luz que há no mundo... e como tudo se mexe...*

*Agora, vem o tempo mais maravilhoso. É como se eles estivessem numa caverna aconchegante... lá está quente e o Sonamuh se sente aconchegado. A entrada para esta caverna foi excitante... e valeu a pena... agora ele está lá e é como se ele quisesse ficar lá para sempre. Lá, ele está bem cuidado e tem uma sensação de ser parte da caverna e o Sonamuh esquece que é um ser. Lá, ele se une ao mundo... fica cada vez mais jovem e menor, mudando também a sua forma nesse processo, transformando-se num organismo de células... Cada célula tem a sua própria função, a sua própria cor e há grupos de células que se fecham... Nesse estágio, a sua forma parece cada vez mais com um sol, um sol de muitas e muitas células que flutua livremente na caverna. Esse sol está cheio de amor... luz, força e vida... ele fica cada vez menor até restar apenas uma célula. E a vida de um Sonamuh tem o seu fim no olhar apaixonado de dois pares de olhos antes da união. Ao mesmo tempo, nasce um novo Sonamuh. Ele é muito velho e percorre esse caminho de volta, o caminho para a perfeição e a origem.*

*Foi bom termos visitado os Sonamuh. Podemos aprender muito com eles e levar junto tudo aquilo que é importante para a nossa vida, tudo aquilo que vale a pena imitar... A nossa nave já está esperando por nós. Entramos na nave e, lentamente, começamos a nossa viagem de volta... Acenamos para os Sonamuh... e temos a sensação de que em cada um de nós está um Sonamuh que nos acompanha... Aos poucos, a nave retorna. Talvez passem anos ou dias... tudo o que você vivenciou e continua vivenciando pode ser trabalhado e aproveitado pelo seu inconsciente...*

*...A nave passa por um espaço enorme chegando ao local onde novamente vemos um planeta azul, onde há luz e sombras. Lentamente, ele se aproxima e talvez você sinta alguma simpatia por esse planeta Terra que está à nossa frente... de longe parecendo tão inofensivo, mas também um pouco sofredor... Talvez você queira dar-lhe um pouco do seu amor, porque esse é o seu planeta... E, aos poucos, você pode retornar para o local de onde partimos, onde começou a nossa viagem enquanto eu conto de dez a um. Quando eu falar dez, você sente o seu corpo, os seus pés e suas pernas... Nove... os braços podem começar a se mexer... oito... inspire e expire... sete... agradeça à sua respiração por respirar para você a vida inteira... e sinta que você trouxe muita sabedoria dessa viagem... seis... lá fora o tempo continua igual... cinco... e à sua volta você percebe todos os ruídos... quatro... e as experiências o acompanham... três... você pode querer esticar-se e bocejar... dois... porque é bom para você, sentir que está presente... depois dessa viagem... A sua respiração está mais solta, os seus olhos se abrem e vêem se está tudo em ordem... e você estará calmo e renovado depois que eu disser um... Um.*

## A Segunda Viagem Imaginária: "Fontes do Crescimento"

### Observações Iniciais

A segunda viagem imaginária, "A viagem às fontes do crescimento", elaborei-a junto com outras três para gravação em fitas cassete de uma série de fitas com induções duplas (Cassettes Hypno-Synchron – vide índice bibliográfico). Aqui, uma voz masculina e uma feminina se alternam ou até mesmo falam simultaneamente, o que causa efeitos hipnóticos e uma integração dos hemisférios cerebrais especialmente intensos quando ouvido em som estéreo com o auxílio de fones de ouvido. Os textos estão totalmente sintonizados e têm seu efeito intensificado e multiplicado.

O conteúdo trata das experiências profundas e simbólicas do caminho de vida de uma pessoa, de união e solidariedade (*bonding*), permissão e purificação.

## O Texto da Viagem

Você está com tempo para relaxar... e talvez esteja lembrando a última vez quando conseguiu ficar totalmente tranqüila e solta... e como é quando você sente a sua respiração que levanta e abaixa o seu peito em suaves ondas rítmicas.

Esse movimento pode espalhar-se em seu corpo, pela pele, pelos músculos até chegar em cada uma das células envolvendo-o totalmente nesse ritmo calmo e suave o qual você talvez só esteja percebendo agora e o qual lhe dá uma sensação de suavidade... um aconchego com o seu corpo, uma sintonia interna. Enquanto isso, você sente como a sua testa pode ser lisa. Como a superfície de um lago num dia de verão calmo e sem vento. Você pode acariciar a sua cabeça suavemente com a sua atenção chegando até a nuca. Isso provavelmente vai fazer com que você sinta a sua cabeça mais livre ou mais leve, ligeiramente apoiada pela sua espinha dorsal, por cada vértebra, enquanto a sua respiração, a qual você está sentindo e a qual lhe dá liberdade, o leva numa pequena viagem. E agora, imagine uma escada com dez degraus e, descendo-os, você chega num lugar muito bonito, um lugar onde pode apreciar a estória que vamos contar-lhe e que você pode absorver de uma forma que talvez faça com que vivencie uma coisa de cada vez. E enquanto conto de dez a um você pode imaginar como vai descendo esses degraus de modo seguro e suave – e você sente como o seu corpo vai relaxando cada vez mais a cada degrau que desce...

...Agora, o seu corpo está quase flutuando para baixo à medida que relaxa cada vez mais... sentindo-se quente e pesado, ou leve e fresco...

...Você começa no dez... solte-se... nove... você se sente livre e se dá um espaço... oito... você vai ficando mais meigo e mole... desce cada vez mais... sete... relaxa mais um pouquinho... cada célula de seu corpo... e no seis... o seu interior está solto e aberto para o passo em direção ao cinco... em sua direção... deixe-se cair para dentro... quatro... solte mais ainda... amorosamente deixe-se continuar indo... três... chegando mais perto do estado mais profundo...dois... mais profundo ainda... um... agora você está totalmente solto e profundamente relaxado...

### *Voz Feminina*

Já estão a caminho há muito tempo
Nessa viagem para a sua terra de origem.
Somente o vento sabe para onde leva esse caminho em direção às forças das fontes.
As pessoas nesse navio se tornaram crianças, meninos e meninas.
Uma criança pequena lhe parece estranhamente próxima.

### *Voz Masculina*

Viajar para longe,
Sobre a água,
Olhar para perto ou longe,
Deixar acontecer,
Como antigamente...
Em sua infância quando sentia tantas coisas

**Voz Feminina**
Soa o grito do menino que está no alto do navio: "Terra à vista – talvez seja a nossa terra."
A criança pequena olha para a terra acidentada – ela está cheia de vegetação, mas alguma coisa nela está diferente do que conheceu até agora, porque aqui e ali sobem névoas coloridas do meio da paisagem. Elas parecem vir da terra.
O veleiro cheio de crianças ancora.
Na praia, homens e mulheres gentis estão esperando. Uma mulher grita:
"Sejam bem vindos em casa.
Aqui, cada qual pode encontrar o que lhe estava faltando e, assim, cada um pode viver com isso a seu modo."
Eles desembarcam.
A criança pequena se pergunta espantada: "O que irei encontrar aqui – e como?"
Enquanto ainda está pensando nisso, vê aquela mulher em pé a seu lado.
O seu rosto lhe é estranhamente familiar.
Ela fala com uma voz calorosa:
"Há anos estou esperando por você.
Quando estive com você, antigamente, passamos por muitas coisas sem ver o caminho na pressa do tempo.
Agora, estou aqui para ir com você até as fontes do crescimento.
Veja, onde brota luz do chão, também brota uma água.
Em cada uma dessas fontes, a energia de vida é de um tipo especial."
A criança pequena vê névoas coloridas saírem do chão em toda parte.
Elas são vermelho claro, douradas, violetas,

**Voz Masculina**
Familiar
O Mundo
Descobrir, novas praias
Encontrar,
Vivenciar
E se espantar.
O jogo
Das cores,
Pastéis e azul
E verde,
Chegando à margem,
Receber sorrindo
O que faz bem
Vozes
Bons amigos,
Sonhos de criança
Acordam para a vida.
Chegarmos juntos
Em casa
Encontrar o familiar
Guiado internamente.
Olhos calorosos
E palavras meigas
Que uma criança gosta tanto de ouvir,
Acariciando, como o vento faz,
Em noites quentes de verão.
E o vento conta sussurrando
Das
Fontes
Do Eu.
Fazendo
Você esquecer o dia-a-dia

## Voz Feminina

verdes, brancas e muito mais.
"Está na hora certa, diz a mulher." "As
fontes mágicas estão ativas novamente."
E a criança pequena sente como o seu
coração se abre quando ela olha para as
nuvens de luz.
"E cada uma dessas névoas
contém uma força de seu ser
e, se tomar de sua água,
pode desabrochar algo que procura há
muito tempo e que já está em você". Eles
andam e se encontram a
caminho de uma luz vermelha.
Chegam mais perto e percebem o suave
e familiar ritmo de seus corações.
Já estão envoltos numa luz vermelha.
De forma natural, essa luz os leva confiante
até a sua primeira fonte em meio à névoa.
Lá borbulha uma água perfumada.
Ela está quente e o seu vapor sobe para
o céu em forma de névoa vermelha.
Eles se agacham.
A mulher diz: " Esta é a fonte do amor."
A criança toma da água
e sente suave e seguro
um toque quente e invisível
entre ela e a mulher familiar.
Como se fosse uma fita de ligação,
de peito para peito. Um sentimento
de realização e alívio. Ela diz:
"Bem vindo, agora você pode crescer em
segurança." E a criança pequena sabe:
"Eu sou amada e estou ligada à toda a
natureza." A mulher também sabe
o que a criança sente.

## Voz Masculina

Elas levam você para mais perto
Das fantasias
Que você vê com o coração e
Que muitas vezes trazem dentro de
si
Sentimentos do tipo
Que se espalham no peito
E talvez na barriga
Macios e amplos
Deixando o carinho fluir para
dentro de si.
Confiança
Da fonte
Vêm energias para você.
Talvez alguma coisa esteja se
mexendo
Em você,
perceptível
e próximo
na uniformidade
dos movimentos em direção ao
centro,
que saem sem esforço de dentro de
você.
Lá onde está a energia
Infinita,
sempre alcançável
para você
novamente.
Onde se abrem,
as pessoas recebem
amor a toda hora
de fontes invisíveis e descobrem

## A Linguagem da Mudança

**Voz Feminina**
Assim, continuam em direção à luz verde,
primeiro ainda de mãos dadas,
mas, ao mergulhar no verde,
a criança pequena simplesmente corre na frente,
cheia de curiosidade e energia.
E ela percebe que permanece o embalo
do amor, não importa para onde corra.
Agora, ela alcança a água.
Uma névoa verde borbulhante sobe da mesma desenhando círculos no ar.
A criança sorri.
Então ela ouve as palavras da mulher a seu lado:
Esta é a fonte da liberdade que lhe permite realizar o que está dentro de você:
correr, pular, falar, rir, pensar e agir a partir do que vem de dentro de você, em sintonia com o seu ser.
Vamos beber da água...
Da fonte da liberdade.
A mulher e a criança se ajoelham perto da água borbulhante.
Ela está fresca quando a bebem.
De repente, tudo fica claro e amplo à sua volta.
É a nova força dentro da criança e os sonhos passam para o consciente
para moldar a própria vida.
Ela sabe que pode fazer isso.
"Eu quero ser feliz e posso ser feliz
e desenvolver livremente o que está dentro de mim."
As duas se olham, sorriem
e continuam correndo descalças.

**Voz Masculina**
e sentem
a sua ligação completamente e sabem,
novamente,
esta verdade:
Sou amado e estou ligado à natureza amorosa –
em toda a sua plenitude e
é bom descobri-la
juntos quando estamos em contato,
vivenciando, conscientemente, a confiança na liberdade e
andar
vigoroso
no próprio ritmo.
E deixar a força livre criar, pois ela lhe fala em cada vulto
e produz imagens,
imagens que surgem em você,
que se completam e
desabrocham em liberdade,
como as flores
que se abrem pela manhã
ou a grama
que se banha
na gota de orvalho
quando as cores brilhantes
dos primeiros
raios de sol
se espelham
na gota pequenina.
Assim, a natureza se enfeita
num mar de cores

## Parte IV - Para Dentro de Si

**Voz Feminina**
Corajosa e segura corre a criança,
aconchegada no embalo do amor.
Elas estão correndo em direção a uma
névoa violeta que sobe para o céu diante
delas. E quando chegam mais perto,
mergulham nesse violeta.
E você está junto.
"Antes de continuarmos", diz a mulher
para a criança, "vamos tomar um banho
naquele lago."
A água recebe tudo aquilo que é
desnecessário, aquilo de que não precisamos
mais, tudo o que queremos deixar para trás e
dar de presente.
Ela transforma isso na origem básica dos
materiais e os devolve à natureza."
Diante delas, surge um lago cristalino,
convidativo, ideal para um banho.
Elas entram na água e nadam
E a cada braçada
Você sente que tudo o que você não
precisa mais,
Tudo o que se transformou num peso e
está sendo absorvido pela água,
de dentro para fora.
E a água divide tudo em pequenas partículas
levando-as de volta para
o grande ciclo.
Enquanto continuam andando,
 a mulher diz para a criança:
"Até este momento eu a guiei.
Agora, você deve ir sozinha até a próxima
fonte.
Procure confiante aquela da qual você ainda
quer beber.
Eu a acompanharei."
A criança observa a terra à sua volta,

**Voz Masculina**
no qual tudo tem liberdade
como o sol quando sobe mais alto e
transforma as gotas de orvalho
para
trazer tudo de volta para o ciclo
das matérias,
transformar novamente em névoa
e,
alegremente, ver as cores
em movimento.
Como será
mergulhar
com tudo que já existe,
pronto para o novo
e procurar alívio
para as cargas antigas
e encontrar
transformação,
largar e
devolver tudo aos elementos,
livre e para si mesmo,
de modo que estes o
transformem,
através do tempo,
numa troca
entre sol e água,
Onde nasce tudo o que é vivo
Novamente,
todo dia.
Desenvolver-se livre,
até nas menores células
nas quais mora o conhecimento
universal pronto a se abrir

## A Linguagem da Mudança

**Voz Feminina**
vê névoas coloridas subirem aqui e ali.
E uma outra cor a atrai. Sim, essa é a certa.
"O seu inconsciente sabe o que está
escondido para você na próxima fonte", diz a
mulher. "Deixe o seu interior mostrar-lhe o
caminho e vivencie isso."
corra para a luz que mais a atrair,
a que sente mais próxima de si e
beba daquilo que sonhava.
Receba isso dentro de si."
Como em sonho, a criança continua
correndo.
Uma determinada luz a atrai mais e mais
enquanto a paisagem permanece familiar,
mas alguma coisa está diferente.
Elas mergulham na luz
e a criança alcança a sua fonte.
"Só você sabe que energia recebe dessa
fonte."
A criança se abaixa e bebe da água.
Ela sente que é exatamente isso
que sentiu falta há tanto tempo
e um sentimento de felicidade flui
pelo seu corpo.
"Agora você, novamente, tem tudo que
achava estar perdido há tanto tempo."
A criança sabe que as fontes da vida irão
continuar fluindo dentro dela.
Ela sente: "Aqui, a viagem está concluída."
Ela olha nos olhos queridos e familiares da
mulher.
Ela diz: "Eu tenho certeza de que o que está
dentro de você irá desabrochar nessa sua
vida. Eu também senti a realização de
alguma coisa." E ambas sentem a ligação de
amor que as une desde o início da viagem.
Uma ligação que existe,

**Voz Masculina**
para você.
E cada cor é o símbolo de uma
experiência que pode mudar
alguma coisa.
Esse conhecimento está dentro de
você e
guia os seus passos.
Você vê a luz,
o seu próprio caminho.
Ali, está o que você já procurava
antigamente.
Encontrar o próprio caminho,
finalmente,
nesse lugar como em qualquer
outro e
sonhando realizar
O que o toca
nesse lugar,
Ontem e amanhã e
mudar as coisas
com seus pensamentos.
Hoje recebemos
o cálice
da vida
em sua plenitude
Porque sempre há o presente,
em toda parte; em meio
ao tempo, os seres humanos
modificam a si mesmos.
Ciclos querem fechar-se.
Há a certeza
de ter chegado.
Após essa viagem,

## Parte IV - Para Dentro de Si

**Voz Feminina**
mesmo que elas sigam por caminhos bem diferentes.
"Eu sou livre, mas sinto o amor", pensa a criança. "Assim o futuro ficará bom.
Tudo que reencontrei aqui fica para mim, não importa para onde ou em que ocasião eu vá."
A criança olha para o futuro.
Ele está cheio de luz.
Ela olha novamente à sua volta,
vê todas as cores diferentes sobre as fontes espalhadas na paisagem e
tem consciência de que tudo isso está dentro dela e que ela sempre poderá procurar por isso quando quiser.
"Minha pátria, minha energia, meu local de força desde a minha infância."
Pensando assim, os seus pés a levam de volta para o navio onde pode crescer, certa de estar em sintonia consigo mesma.
Quando a criança sobe no navio
e procura o seu próprio lugar,
ela constata espantada:
"Eu consigo sentir como toda essa riqueza de cores, essas palavras, esse amor e esse carinho agem dentro de mim.
A sensação é muito boa,
cheia de esperança e calor.
Com o veleiro de meus pensamentos
sempre posso retornar para esse lugar.
O vento dos meus sonhos me leva
rapidamente para lá, sempre que- quero.
E eu sei que essas fontes continuam fluindo dia e noite,
renovando-se e fortalecendo-se
constantemente através das estações do ano."

**Voz Masculina**
muita coisa
vai
estar diferente
do que foi até agora,
para mim, para nós,
para aqueles
que amamos,
ontem
ou em breve.
Temos visões dentro de nós,
direções para a vida,
caminhos que gostamos
de percorrer.
Dentro como fora,
tocar-se
com cada novo pensamento, com cada idéia,
com cada movimento
em meio ao jogo,
na troca das energias.
Você também pode sentir
como o seu mundo pode ser
multifacetado,
criando,
de dentro de você
e realizando.
Seguros
nos
movimentamos
em direção
à claridade,
livres internamente
e crescendo sempre.

*E, aos poucos, você volta sabendo que vivenciou algo muito precioso e que você está em contato com tudo aquilo que é importante e racional para você. Permita-se receber isso tudo dentro de você e transformá-lo de acordo com os seus desejos e idéias. Agora, você está de volta ao pé da escada que leva para cima em dez degraus. Leve todas as experiências úteis e estimulantes com você depois de ouvir... um... você está se sentindo descansada e renovada... dois... respire fundo... três... sinta como o seu corpo acorda aos poucos... quatro... e novamente sente a necessidade de se mexer... cinco... e respire... seis... inspire profundamente e se sinta mais acordado... sete... e agora você pode começar a mexer os membros do seu corpo... que o ajudam a acordar aos poucos... oito... mexa-se e sinta-se renovado e mais próximo... nove... estique-se e espreguice-se bem gostoso... dez... agora você está aí, sentindo-se muito bem.*

## A Terceira Viagem Imaginária: Auto-Integração

**Observações Iniciais**

Esta é a transcrição de uma viagem imaginária do processo de auto-integração que aconteceu durante um seminário com o mesmo título.

O texto quer mostrar a utilização de viagens imaginárias em processos de transformação pessoal dentro de um contexto mais amplo. Tratamos da morte, do renascimento, do perdão e do aproveitamento da própria vida de acordo com os próprios valores e visões internos. Entre a morte e a vida, a experiência do vazio passa a ser o espaço para o novo, a simbologia da vida e o recomeço.

O processo inspirou-se em rituais de transformação de povos selvagens onde os participantes são confrontados com situações-limite da vida no intuito de encontrarem amadurecimento e renovação.

A viagem imaginária transcrita é parte do seguinte processo mais amplo: os participantes passaram os últimos dias tentando encontrar profundas fontes pessoais de energia e recursos que reconheceram em intenções profundas escondidas por trás de seus comportamentos (parecido com "O caminho para a fonte interna" de Connirae e Tâmara Andreas).

Os participantes também trabalharam duas manifestações de sua personalidade às quais deram nomes característicos e detalhados. Estes foram escritos em bilhetes que, no decorrer da viagem imaginária, serão utilizados como âncoras para lembrar as duas características de personalidade:

- De um lado, o Eu desabrochado e livre que vive as suas possibilidades,
- De outro lado, o Eu tolhido, dependente, que carrega diversas cargas.

No início da viagem, cada um apresentou, com o auxílio dos outros, a imagem de seu próprio Eu tolhido em uma dramatização. Nela, vivenciou esse Eu com clareza e, então, recebeu a mensagem: "Agora você pode descansar."

Depois disso, à luz de velas, todos os participantes se deitam no chão do salão.

Nessa fase, eles representam o seu Eu tolhido e restrito e estão preparados para, na primeira parte da viagem imaginária, somente se confrontarem com aspectos de sua vida que estão representados de forma negativa. Eles estão preparados para imaginar a morte de sua existência tolhida e isso lhes permite largarem e soltarem as cargas e restrições de suas vidas, bem como a passagem para um estado de profundo e libertador vazio no qual recebem, de uma outra maneira, símbolos que fazem sentido e fontes de energia para a sua vida para, então, entrar novamente na vida como personalidade desabrochada.

Mais adiante, acontece um encontro do perdão e daquilo que cura e há uma troca entre o Eu desabrochado e o Eu anterior que era tolhido.

Muitos participantes definiram as suas experiências durante esse processo como sendo experiências espirituais.

Vocês, leitores, irão ler o texto para conhecer, através do mesmo, muita coisa sobre a ligação existente entre a linguagem e determinadas experiências. No entanto, eu lhes peço que não leiam apenas partes do texto uma vez que, em seu decorrer, as partes sombrias desafiadas de forma provocativa e a apresentação da morte vêm sendo transformadas.

Eu rogo que não tentem ler o texto para outras pessoas com o intuito de guiá-las nessa viagem imaginária, porque, para isso, são necessários muitos preparativos e acompanhamento profissional. Respeitados esses parâmetros, a leitura desse texto pode estimular a conscientização e trazer enriquecimento interno, exatamente porque nele a vida está sendo apresentada a partir de diversos pontos de vista que são novamente integrados.

**O Texto da Viagem**

*(Ouve-se música antiga de coral.)*

*Você ouve essa voz que está falando com você e o acompanha, você pode não só captar todas as palavras que o apóiam nessa viagem especial como também aproveitá-las, vivenciando o que é melhor para si mesmo através do caminho que passa por sombras e limitações até que, em algum momento, você alcança território novo e frutífero.*

*Todas as palavras que não o apóiam nesse processo são irrelevantes e, simplesmente, passam por você enquanto está deitado seguro em sua esteira sentindo o seu corpo vivo e presente, sentindo a circulação que o mantém quente e todo o seu ser mergulhado em uma grande e profunda proteção. Uma sábia orientação interna, como uma amorosa criatura interna, permite que você vivencie o que é melhor para si mesmo nessa viagem, receba e aprenda para depois retornar para esse mundo renovado em todos os níveis.*

*Estamos entrando no reino das sombras e no fim dos tempos. Você chegou aqui como a pessoa tolhida e limitada que acabou de representar no grupo. É bom você estar aqui. Agora, finalmente, pode descansar. Aqui, você encontrou um lugar no qual pode permanecer temporariamente consigo mesmo por um período de tempo curto, maior ou muito grande. Até aqui, você só brincou. Até aqui, você representou alguma coisa. Até aqui, comunicou-se com outras pessoas.*

*Você veio para esse seminário e ainda teve esperanças de, talvez, mudar alguma coisa através de novos métodos, mas agora chegou a hora de, simplesmente, ficar deitado aqui e não ter mais nada para fazer, porque há coisas para as quais não temos mais escolha quando passou da hora. É quando a força falha e quando aquilo que você vivenciou até agora não passa de uma mera lembrança, quando tudo ficou irrelevante porque não fazia sentido repetir sempre os mesmos modelos vivenciados por essa pessoa limitada que agora está aí, deitada, e que você conhece muito bem – aquela que tinha os seus medos, as suas vaidades e as suas grandes e pequenas manias para enfeitar aquele ego e aquela importância que passa a ser tão irrelevante quando passou da hora.*

*Como será que ficam as coisas se aquilo que ontem ainda era tão importante e o que você planejou para hoje e amanhã não acontecer porque a hora prevista para isso desapareceu antes do previsto?*

*Como é olhar para essa pessoa que durante anos e décadas só se preocupava consigo mesma – que enganou a si mesma durante anos – que se deixou enganar durante anos e, dessa forma, deixou passar tanto tempo de vida?*

*Seu tempo de vida – e você sabe como tinha medo disso. Você preferiu a diversão que o distraía, a sua profissão e as suas obrigações que o enchiam de orgulho, a importância que você tinha para outras pessoas e que lhe mostrava a sua própria importância enquanto sempre jogava os mesmos jogos, aquelas besteiras, aquelas palavras inteligentes, aqueles pequenos constrangimentos e aquelas desonestidades – e como foi encher a vida dessa forma, a juventude na qual ainda sentiu o que ainda não havia realizado, a idade adulta na qual você se protegeu de forma a não se mostrar e como é abrir mão de tudo isso que foi mal aproveitado – exausto, porque você sabe como foi cansativo sempre ter que mostrar a si mesmo – manter todos os seus*

## Parte IV - Para Dentro de Si

*modelos – e como foi cansativo adquirir o seu saber, os seus jogos de esconde-esconde – ser racional – ser esperto ou ser bom.*

*Era até mesmo cansativo divertir-se e ver as pessoas que encontrou através de uma máscara e a uma certa distância. Pessoas as quais você poderia ter conhecido e as quais poderia ter visto... e como você só almejava alcançar metas, criar segurança, ser organizado, estar certo e bem adaptado a esse mundo, às vezes bem-sucedido e às vezes até bem adaptado às coisas mal sucedidas.*

*Como seria se você entrasse numa terra vazia e ampla onde, simplesmente, não poderia mais jogar os velhos jogos, onde não haveria mais os seus velhos amigos, nem distrações, nenhuma profissão e ganhos e nem aquelas pessoas, perante as quais você desempenhou tão bem o seu papel fazendo-as acreditar em você e que irão encontrá-lo. Como é partir em uma viagem a qual está muito além da sua antiga forma de existir?*

*Você pode lembrar, mais uma vez, de suas características pessoais e perceber o que elas escondem que você reconheceu, perceber o que está por trás da escolha de sua profissão e até mesmo da sua imagem, o que está por trás da escolha de seus amigos e perceber o que você evitou com tudo isso, o que nunca quis ver. Perceber onde está o seu medo e como é quando tudo isso que existiu vai embora. Só você sabe de que tinha medo de falhar, de perder prestígio, da dor que se esconde em seu sorriso ou dos sentimentos que estavam proibidos em sua vida?*

*E muito disso era triste. Quantas vezes você escondeu a sua tristeza, solidão ou abandono por trás de uma máscara de alegria? Essa tristeza, essa solidão e esse abandono existiam dentro de você. E como seria se todas as suas ações tivessem sido um engodo perante você mesmo e perante os outros? Ficou faltando alguma coisa. É bom você lembrar o que estaria faltando, porque somente depois de resumir todos os anos de sua vida, você reconhece quanto tempo realmente viveu e quanto tempo você ficou funcionando como uma máquina automática programada para ter sempre as mesmas reações e sempre agir da mesma forma. E, então, você reconhece que o mesmo que o deixava zangado também fazia com que você se desviasse. Era o mesmo que o fazia esconder-se, tudo automático, como uma máquina que funciona quando apertamos certos botões.*

*Depois de tudo isso, você pode vivenciar estes últimos momentos e desvencilhar-se, lentamente, do esforço que todo o seu organismo precisou para funcionar.*

*Solte-se de seus nervos, seus pensamentos, de toda a sua rede de pensamentos, de seus músculos e de tudo aquilo que guardou dentro de si – soltar – essa tensão – a civilização, telefones, carros, parceiros, clientes, fregueses, amantes – sentir essa dificuldade uma última vez, mesmo que tenha rido – e soltar – não importa a maneira como você percebeu a si mesmo – o que você sempre quis e que ainda não recebeu,* não importa o que você queria e sempre tentou novamente – como você sempre teve esperanças em relação ao futuro – agora chegou o momento do passageiro – e agora é a hora do repouso.

Agora, você pode colocar aquele bilhete com o nome dessa pessoa tolhida ao seu lado e dizer para essa pessoa: este é o seu lugar de repouso – e agora você pode imaginar que está deixando sair de dentro de si todos aqueles modelos restritivos de seu ser, todo aquele esforço, todos aqueles anos, todas as dúvidas e todos os programas frustrados. Tudo isso sai de dentro de você e flui para o seu lado, onde está aquele bilhete. Você está se despedindo de seu Ego deixando-o fluir para fora de seu corpo para cima do bilhete com o seu nome.

E é como se uma enxurrada saísse de dentro de você, esvaziando-o e enchendo essa outra pessoa que está a seu lado. Você vai ficando mais vazio e tudo em você fica cada vez mais vazio. Pode deixar sair de dentro de você cada pensamento gasto e cada sentimento gasto em fluxos coloridos, talvez sujos, talvez claros. Esses fluxos correm para onde está o bilhete. A sua voz interior também. Não importa se você está sentindo frio ou calor. Nada importa mais, só importa agora deixar sair tudo de dentro de si para o seu lado. Mas o seu corpo permanece seguro e sem fazer nada durante todo esse processo ficando cada vez mais leve e relaxado ao liberar-se de toda essa carga.

Ficar mais vazio – e saber que não tem mais hora para não fazer nada, para não conseguir nada do que simplesmente largar e soltar e deixar o que está gasto fluir para fora para o seu lado. Deixar fluir os seus planos, as suas antigas emoções e tudo aquilo que você queria conseguir. Simplesmente esvaziar – e abrir as portas para o silencio e absorver o vazio e o silêncio.

(música primaveril)

Cada pensamento que ainda vem, tudo o que você não precisa mais se desintegra e vai embora – enquanto isso, o tempo avança e você com ele, ultrapassando o tempo em que estava essa realidade – também deixe fluir a tristeza da despedida – e deixe todas as palavras que não combinavam ir embora e se calarem – vá até onde não precisa de palavras – além do tempo, onde só fica o vazio – e todos os pensamentos perdem sentido e um imenso mundo interno se abre – um mundo desconhecido que talvez esteja vazio, mas cheio de energia e espaço ilimitado.

Ao vivenciar isso, você vai ficando mais leve – o seu corpo, todo o seu ser, mais leve e mais amplo – vazio como um imenso recipiente – além de toda forma – destituído de qualquer obrigação – sem o antigo.

E, simplesmente, estar aí, além do tempo e além do nada – no vazio, tão longe até que você esteja livre, livre para receber alguma coisa, energia que vem para você *desse espaço. Energia que quer viver... (intervalo)*

*Talvez você entenda as palavras daquele poema que representa uma voz para você...*

*Solto
Entrar no vazio e no repleto
Sem rumo
Nada em toda parte tudo
A própria pegada se apagou
Em algum momento
Rodar
Perto do Eu
Infinitamente
No início
Das palavras
Para a existência.*

*Porque com o vazio se inicia um novo ciclo. Aqui, você pode deixar entrar em seu coração a sua mais profunda fonte de energia e o mais precioso símbolo de seu ser – tirado do nada que simplesmente tem espaço para isso.*

*Talvez seja uma luz, talvez um som, talvez algo bem diferente que queira mostrar-se a você, o que queira viver em você. Você está recebendo a si mesmo, a energia de sua alma, de sua vida... (intervalo)*

*Encher-se internamente com a sua simbologia de modo bem aberto e amplo... (intervalo)*

*Como seria agora em seu estado livre e ilimitado e com essa energia interna receber de presente mais um dia? – Ou com o seu símbolo de vida. O que aconteceria se você ainda tivesse mais um dia, o que seria realmente importante? Como você se mostraria para o mundo se ainda tivesse esse dia a mais, o que de dentro de você realmente gostaria estar presente? E se tivesse uma semana? Como você a aproveitaria se ainda tivesse esse tempo? Talvez para aquilo que faltou todos esses anos... (intervalo)*

*...e se você tivesse mais um mês, um ano ou muitos anos mais? Pode perceber o que realmente tornaria essa vida valiosa para você, algo lá do fundo, algo que recebeu ou ainda está recebendo dentro do imenso recipiente que você é, como a luz que cai no vazio e o enche – e traz alegria – tudo o que pode ver e sentir e, assim, talvez sinta como o mais belo e mais valioso se manifesta em você e lhe diz o que é bom e importante nessa vida e lhe mostra o que ainda não desenvolveu até agora, mostra-lhe o que vale a pena terminar – que o faça reconhecer o que realmente conta – que lhe ensina*

a ver com o coração – aos outros e a você mesmo. Como seria ser muito bem-vindo nessa vida, com tudo o que você tem e ouvir essas palavras ditas em uma antiga cultura:

Pai natureza, mãe natureza,
Com calma, com cuidado,
Com leite materno, com orvalho,
Não é a água que te assusta e não é o mar,
Cada qual é verdadeiro e real,
Cada qual o percebe e respeita a sua existência.

Agora, lembre o seu nome desabrochado, capte esse novo nome e o mantenha disponível enquanto você, simplesmente, deixa o antigo ao lado, do lugar onde deitou – e nós, acompanhantes, vamos chegar até você daqui a pouco, tocá-lo e lhe dizer: – bem-vindo à vida – Então, simplesmente, levante-se e perceba como é bonito ter tanto tempo vivo à sua frente, tempo para criar livremente durante muitas e muitas décadas – e quando estivermos com você – e você tiver se levantado – poderá ajudar a cumprimentar os outros. Isso vai ser na hora do almoço ou um pouco mais tarde você pode dar as boas vindas aos outros em um círculo – apresentar-se aos outros – eu estou aqui – e se mostrar – e reconhecer – e assim e simplesmente estou indo – e todos estamos indo – até você – você irá viver – bem vindo aqui – levantar – bom-dia – você pode levantar-se, viver, não tenha pressa.

(Todos os participantes são cumprimentados e se levantam.)

Está na hora de você se apresentar – de se movimentar um pouco – do modo como você está se movimentando agora – a vida simplesmente está aí – está na hora de todos se cumprimentarem...

(Música forte durante uns 15 minutos. Os participantes estão em contato uns com os outros dentro de um círculo e se dão as boas vindas com os seus nomes novos.)

Depois que você chegou aqui, pedimos simplesmente para sentarem-se novamente – em qualquer cadeira, voltar para o seu próprio lugar, para dentro de você – deixar o bilhete onde está – ir para o seu lugar – bem-vindo – você está no meio da sua vida.

(Música de flauta para relaxamento.)

Quando encontrar o seu lugar, simplesmente ponha-se confortável e, se quiser, feche os seus olhos – para uma pequena reflexão – e enquanto os ruídos lá fora ficam mais fracos, ouvimos o som da flauta. Fica cada vez mais quieto – e você simplesmente percebe que está aí, fisicamente, sentindo a sua respiração – cada respiração – perceber como está sentado – perceber o que está sentindo – talvez com olhos abertos, talvez fechados enquanto lá fora ouvimos passos. – E em qualquer lugar por trás

## Parte IV - Para Dentro de Si

desses olhos, abertos ou fechados, está o mundo e, em algum lugar, está você que chegou – porque a cada minuto a vida começa novamente, a cada segundo – porque você sempre pode decidir-se novamente na vida – decidir-se pela vida – decidir-se por você – perceber onde está sentado agora e, se quiser, você pode até mesmo tatear à sua volta e sentir outra presença, a presença de mais alguém.

 Você pode tocar essa pessoa ou simplesmente sentir a si mesmo e aproveitar esse momento de silêncio para você – para se encontrar e tudo aquilo que o nutre, a sua energia de vida, a sua realização essencial, a sua simbologia interna, mas também os mais belos momentos de sua vida – talvez tenham sido momentos muito pequenos que você tenha conseguido segurar, mas foram valiosos – e talvez você queira pensar em algumas pessoas às quais tenha algo para agradecer ou em outras para as quais você tenha dado algo – pessoas que o amaram ao seu modo – talvez ao seu modo imperfeito – mesmo que tenham feito tudo errado – pessoas que você amou mesmo que elas não tenham percebido isso. Talvez a sua mãe ou o seu pai esteja em algum lugar – talvez tenha algo que liga vocês de modo mais profundo do que você imaginava até agora. E pode ser que tenha chegado a hora de reconhecê-las ou, mais que isso, dizer: "Obrigado, mãe, por tudo aquilo que você pôde me dar. Todo o resto eu irei encontrar sozinho. Pai, eu agradeço por tudo aquilo que você pôde me dar, não importa se foi muito ou pouco – todo o resto eu encontrarei sozinho."

 Agora, você deve pensar em algo próprio, algo que foi importante para você nessa vida – talvez uma comunidade na qual tenha vivido – viagens que tenha feito – algo que você tenha conseguido realizar – as suas habilidades – talvez tudo aquilo que você tenha feito, quem encontrou e qual a energia que está dentro de você e que quer viver, a mesma energia que possibilita a sua transformação – aprender sempre – ser – perceber aquela energia em você – a pura e infinita energia que quer viver – sentir como é ficar em contato com o mundo – saber que esse mundo contém muitos milagres apesar de sua imperfeição. Alguns desses milagres você até descobriu, milagres que lhe mostraram que esta vida pode ser encantadora.

 As árvores, o mar, o sol, o alimento, os pensamentos, os sonhos – é impressionante que como consegue sonhar, pensar e agir ao mesmo tempo – esse milagre dentro de você – o seu sistema nervoso, o seu coração, o seu pulmão, a barriga, todos os seus órgãos juntos – estão aí para você – um lar para o seu espírito que se manifesta cheio de energia nesse mundo – eu peço que você pense numa pessoa com a qual tenha experimentado o sentimento do amor – com o qual você tenha ultrapassado os seus limites – talvez de forma involuntária – talvez – nem aconteceu direito – mas há aquele sentimento – uma noção – peço que pense o que esse sentimento desencadeou em você – para si mesmo – e vivenciar o símbolo da sua maior realização e da sua maior energia dentro de si – de dentro para fora – aquilo que você retirou da imensidão – como se toda a sua energia fosse necessária agora para uma pessoa que você realmente ama – encontrar-se internamente para uma pessoa que você ama – dar a essa pessoa algo que ela realmente precisa – porque esse mundo precisa de você – e você precisa desse mundo – e aí está a sua liberdade – e agora você pode juntar todos os recursos que reuniu ao longo dos anos, durante a sua trajetória de vida, as experiências da luz, da liberdade, do movimento e das suas habilidades, a sua coragem que sempre estava aí novamente, a sua sinceridade. Dar tudo isso a uma pessoa que esteja procurando exatamente isso – e agora eu peço que você veja a imagem dessa pessoa diante de seu olho interno, a sua imagem do dia-a-dia, a imagem da pessoa que você acabou de deixar para trás – e eu peço que você veja a si mesmo – com as suas rugas, com seu esforço estampado no rosto – uma imagem sua à distância – talvez você pareça estar sobrecarregado, sem saber o que fazer, tenso – lá do outro mundo que você deixou para trás, simplesmente olhar – olhe nos seus olhos – por trás dos olhos – olhe para atrás de seus próprios olhos, olhar o seu corpo – as tensões dele – olhar para o interior – os órgãos – os músculos – e ver o meio em que vive essa pessoa – o estresse – as queixas do dia-a-dia – e peço que você olhe para essa pessoa com os olhos do amor – com os olhos da gratidão – porque é a essa pessoa imperfeita que você tem a agradecer tudo, porque essa pessoa fez tudo que fez para que você pudesse surgir dela.

Ela cuidou da sua sobrevivência, trabalhou muito, batalhou, teve esperanças, escondeu-se para você – foi explorada – para você – e para essa parte de seu ser você agora pode juntar todas as suas energias e recursos – levantar-se e ir até onde está essa pessoa que foi abandonada – onde está o bilhete – vá até onde você deixou o bilhete, onde está o nome da pessoa – e então dê amor a essa pessoa, abraçando-a, talvez, e lhe passando todos os recursos do amor que ela até agora não tinha e que você tem – libertá-la dentro de você e para você – a mais profunda relação e o maior amor de sua vida. Essa pessoa sentiu tanto a sua falta – e sempre esteve esperando por você. Você pode curar suas feridas.

*(Música: Eric Clapton – "Tears in Heaven")*

*Termina o processo quando os participantes passam a aceitar interna e externamente o seu Eu tolhido e o abraçam e acariciam numa troca silenciosa.*

# A Eficácia da Comunicação

Autor: Sérgio Miranda
Nº de Páginas.: 120
Formato: 16 x 23 cm

Pequeno, simples e escrito numa linguagem objetiva, o livro associa técnicas de comunicação interpessoal de impacto à Programação Neurolingüística (PNL), oferecendo subsídios para quem precisa adquirir rapidamente o conhecimento indispensável para tornar sua comunicação eficaz. O autor explica que a PNL pode ser aplicada na educação, no treinamento, seleção, negócios, psicoterapia, relacionamentos intra e interpessoais e no crescimento individual.

No livro, ele apresenta técnicas que possibilitam otimizar a eficácia da comunicação, mediante o domínio das emoções, educação do timbre da voz, adequação da dinâmica facial e corporal, para que haja uma complementação dos argumentos e da fala, além de uma postura coerente com o local, o ambiente e o público.

# Manual de Programação Neurolingüística – PNL

*Um Guia Prático para Alcançar os Resultados que Você Quer*

Autor: Joseph O'Connor
Nº de Páginas: 344
Formato: 18 x 25

Neste livro você encontrará clareza, didática, inteligência, abrangência e simplicidade com profundidade, praticidade e facilidade de leitura. Joseph O'Connor apresenta, com estilo direto, a PNL de uma forma compreensível e aplicável à vida pessoal e profissional.

É um excelente livro para quem deseja conhecer a PNL e também para aqueles que já trabalham com ela, pois é prático, dinâmico e abrangente.

Para auxiliar os leitores, o livro apresenta uma série de exercícios e práticas para serem usados no dia-a-dia.

## Aprenda a Liderar com a Programação Neurolingüística

Autor: Pierre Longin
N° de Páginas: 308
Formato: 16 x 23 cm

Esta obra relaciona as técnicas mais adequadas para o uso de gerentes e administradores. São métodos para desenvolver a eficácia pessoal, melhorar os relacionamentos, aumentar a empatia, aprimorar a capacidade de comunicação e de animação de equipes.

De maneira didática e através de muitos exercícios práticos, o autor ensina técnicas que permitem um melhor autoconhecimento, aprimoram a eficácia pessoal e facilitam negociações e liderança de equipes.

# Train Smart
*Ensinando e Treinando com Inteligência*

Autor: Rich Allen, Ph.D.
Nº de páginas: 184
Formato: 16 x 23

A obra é resultado da experiência de mais de 20 anos de estudos e prática como professor e treinador profissional.

O livro é dividido em três partes: na primeira, Allen introduz a abordagem do Treinamento Inteligente – os pilares e os fundamentos sobre os quais o modelo está construído; na segunda, ele mostra os 25 conceitos-chave que transformam o modelo em aplicações práticas para a implementação imediata. Na terceira, apresenta algumas metáforas que servem para fixar os conhecimentos na mente dos alunos por muito tempo após o término do treinamento.

Entre em sintonia com o mundo

**QualityPhone:**
**0800-263311**
Ligação gratuita

**Qualitymark Editora**
Rua Teixeira Júnior, 441 - São Cristóvão
20921-400 - Rio de Janeiro - RJ
**Tel.: (21) 3860-8422**
**Fax: (21) 3860-8424**

www.qualitymark.com.br
e-mail: quality@qualitymark.com.br

### Dados Técnicos:

| | |
|---|---|
| • **Formato:** | 16x23 |
| • **Mancha:** | 12x19 |
| • **Fonte Títulos:** | Cooper Blk BT |
| • **Fonte Texto:** | Cooper Lt |
| • **Corpo:** | 11 |
| • **Entrelinha:** | 13 |
| • **Total de Páginas:** | 184 |

Este livro foi impresso nas oficinas gráficas da
Editora Vozes Ltda.,
Rua Frei Luís, 100 — Petrópolis, RJ,
com filmes e papel fornecidos pelo editor.